CoCon
VERLAG

Heinz Kleine-Rüschkamp: Spessart. Land der bunten Wälder.
40 Jahre Naturpark Hessischer Spessart.
Herausgeber: Zweckverband Naturpark Hessischer Spessart, Gelnhausen
Hanau 2003

Umschlaggestaltung:	Andreas Schlote
Fotos:	Heinz Kleine-Rüschkamp und Archiv Matthias Schlote
Druck:	Druckkollektiv GmbH, Gießen
Kartengrundlage:	Hessen 1:200 000 (H200) mit Genehmigung des Hessischen Landesvermessungsamtes vervielfältigt. Vervielfältigungsnummer 2003-1-21

ISBN 3-928100-93-9
Erschienen im:
CoCon-Verlag Hanau
In den Türkischen Gärten 13
63450 Hanau
Tel.: 06181/17700, Fax: 06181/181333
E-Mail: cocon-verlag@t-online.de, www.cocon-verlag.de

Bibliografische Information Der Deutschen Bibliothek

Die Deutsche Bibliothek verzeichnet diese Publikation in der Deutschen Nationalbibliografie; detaillierte bibliografische Daten sind im Internet unter http://dnb.de abrufbar.

Bibliographic information published by Die Deutsche Bibliothek

Die Deutsche Bibliothek lists this publication in the Deutsche Nationalbibliografie; detailed bibliographic data is available in the internet at http://dnb.de

Heinz Kleine-Rüschkamp

Spessart
Land der bunten Wälder

40 Jahre Naturpark Hessischer Spessart

Hanau 2003

Naturpark Hessischer Spessart

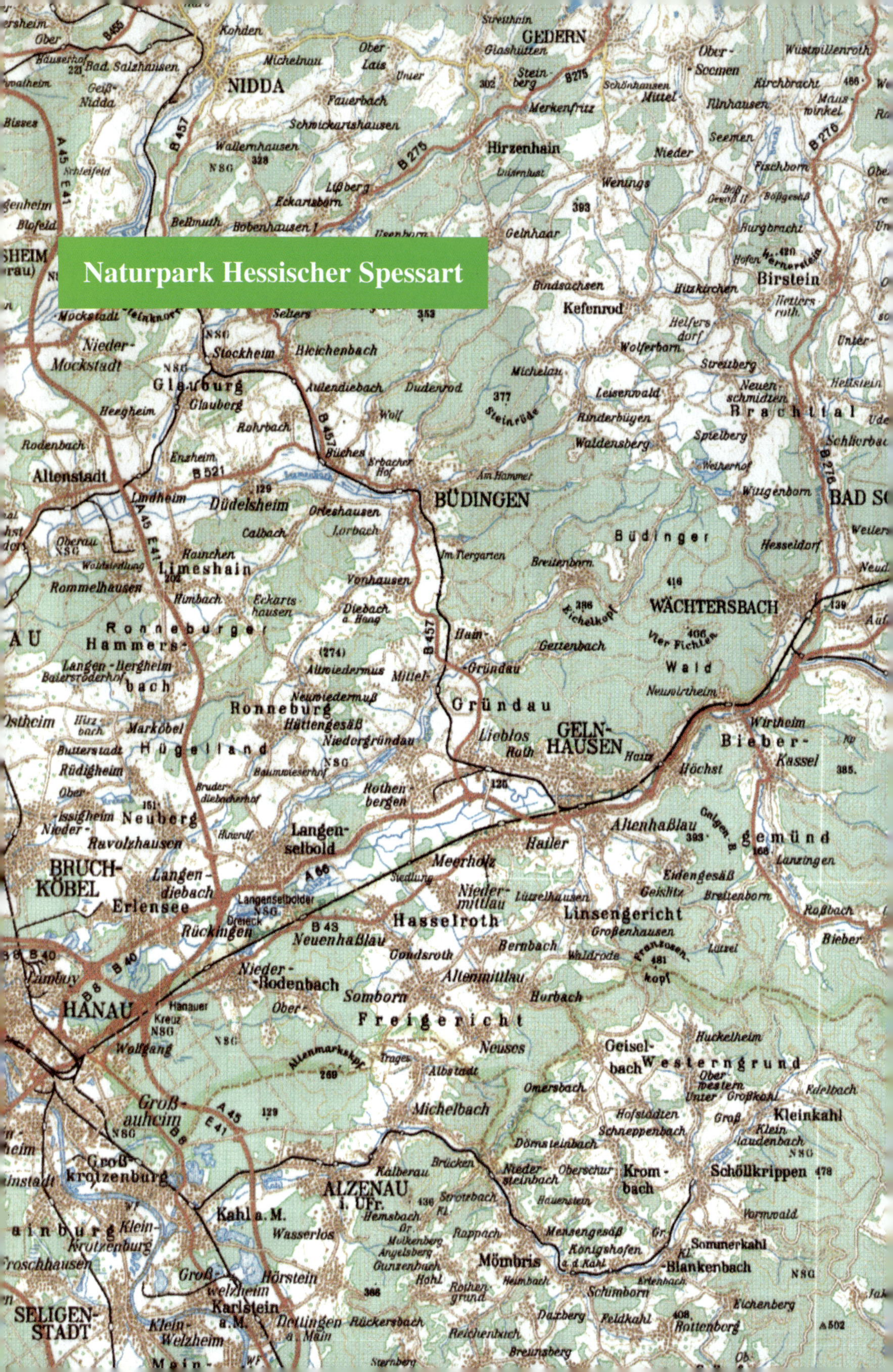

Freiensteinau
Magdlos
Flieden
Schlüchtern
Steinau
an der Straße
Salmünster
Sinntal
Zeitlofs
Jossgrund
Obersinn
Mittelsinn
Aura
i. Sinngrund
Burgsinn
Fellen
Flörsbachtal
Gräfendorf
Rieneck
Frammersbach
Langen-
prozelten
Gemünden
a. M.
Partenstein
Neuendorf
Kalbach
Staatsbad
Brückenau
Wolfsmünster
Michelau
a. d. Saale
Hermannskoppe
Rienecker
Koppe
Eichenberg
Vordere Wart
Ruppertshütten
Rengersbrunn
Wohnrod
Pfaffenhausen
Burgjoß
Oberndorf
Marjoß
Mernes
Jossa
Alten-
gronau
Neuen-
gronau
Breunings
Mottgers
Schwarzenfels
Seidenroth
Bellings
Hohenzell
Ahlers
bach
Sannerz
Weiperz
Sterbfritz
Ramholz
Vollmerz
Herolz
Niederzell
Marborn
Kerbersdorf
Romsthal
Ahl
Alsberg
Elm
Breitenbach
Kressenbach
Wallroth
Ulmbach
Sarrod
Gundhelm
Hutten
Oberzell
Speicherz
Rupboden
Roßbach
Weißen
bach
Detter
Heiligkreuz
Volkersleier
Dittlofsroda
Seifriedsburg
Schaippach
Hofstetten
Massenbuch
Adelsberg
Habichsthal
Emmerichsthal
Deutelbach
Neuhof
Lohrhaupten
Kempfen
brunn
Flörsbach
Leitgesbrunn
Weyscheide
Mark-B.
Uttrichshausen
Heubach
Kilianshof
Veitsteinbach
Keuzelbach
Rückers
Schweben
Struthöfe
Hintersteinau
Holzmühl
Stork
Neustall
Ürzell
Fleschenbach
B 40
B 27
B 26
B 276
A 66
A 7 E 45
NSG

Naturpark Spessart

Dr. Christof Schenck
Direktor der Zoologischen Gesellschaft Frankfurt (ZGF)

Jeder zweite Bundesbürger startet für die „wertvollsten Tage“ im Jahr zu einer Fernreise. Durchschnittlich verbringen Deutsche zwischen drei bis vier Stunden vor dem Fernseher (Kinder übrigens auch schon ein bis zwei Stunden). Macht pro Jahr immerhin 1092 Stunden. Jeder dritte Schüler beschäftigt sich täglich mit Computerspielen, jeder 13. spielt mehr als 30 Stunden in der Woche. Hat Deutschland nichts zu bieten? Tote Hose im Land der Dichter und Denker? Null „action“ in deutschen Wäldern, Funkstille unterm Eichenlaub?

Von wegen! Hier ist endlich jemand ins heimische Land gezogen, mit spitzer Feder bewaffnet, und hat sie aufgespürt, die Abenteuer vor der Haustüre, die Wunder am Wegesrand, die Geschichten hinter der Geschichte. Und die Ausbeute, das zeigen schon die über 50 Themen, war mehr als reichlich. Verblüffendes wird da erzählt, Unglaubwürdiges manchmal, Seltsames häufig, Unbekanntes fast immer. Und neben all dem, was da kreucht und fleucht, flattert und brummt, quakt und züngelt und sogar des nächtens geistert, hat er, der Autor und Forschungsreisende auf Heimaturlaub, auch besondere Menschen getroffen. Menschen, die offensichtlich ihre Zeit weder auf Mallorca noch in der Lindenstraße verbringen. Skurril mitunter, wissend immer – und vereint in ihrer unzügelbaren Neugier und der Liebe zu ihrer Heimat – dem Spessart.

Wer Spessart sagt, denkt an Wald – und Räuber vielleicht. „Jedes Leben ist bedroht, mancher ist schon maustot! Drum, ihr Leut, nehmt Euch in Acht, weil in der Nacht der Räuber wacht“ – so heißt es in der legendären Erzählung Wilhelm Hauffs „Das Wirtshaus im Spessart“. Schon lange zuvor hatten die Römer eine ähnliche Vorstellung dieser Waldlandschaft zwischen Main, Kinzig und Sinn. Für sie war der Spessart Germanien schlechthin: ungezähmte Wildnis, unheimliche Wälder, bewohnt und bewacht von einem Haufen Barbaren. Richtig geschätzt wurden die ausgedehnten Waldgebiete indes von der blaublütigen High Society im frühen Mittelalter, und zu dieser Zeit bekam die Region wohl auch ihren Namen. „Spechtshaardt“ – der Spechtswald war kaiserlicher Bannwald für die Adelsjagd. Den hohen Herren hatte die Tätigkeit der klopfenden Zunft unter den Vögeln offensichtlich besonders im Ohr geklungen. Spechte muss es also bereits zu Ritterszeiten häufig gegeben haben. Ihr Klopfen entstammt der akustischen Reviermarkierung und ihrer Bautätigkeit, denn sie zimmern sich ihre Bruthöhlen selbst. Damit sind sie unweigerlich auf alte Laubholzbestände angewiesen – woraus sich eine simple Schlussfolgerung zum damaligen Waldbild ergibt: Wenn Spechte schon damals so zahlreich waren, dass sie sogar als Namensgeber fungierten, dann müssen bereits vor mehreren hundert Jahren weiträumige Altholzbestände mit gewaltigen Buchen und Eichen den Spessart ausgezeichnet haben. Die Spessarträuber sind jedoch schon lange Vergangenheit, und selbst das kleine Gasthaus mit dem Namen „Wirtshaus im Spessart“, das es tatsächlich einmal gab, musste schon vor einem halben Jahrhundert einer Autobahn weichen. Doch die Spechte klopfen heute noch.

Denn weitgehend erhalten geblieben ist der Wald selbst. Und zwar in Ausmaßen, wie sie für das heute so dicht besiedelte Deutschland eher selten sind. In der Tat ist der Spessart in unseren Tagen eines der waldreichsten Mittelgebirge Deutschlands. Im zentralen Hochspessart sind gar 85 Prozent der Landschaft bewaldet – fast dreimal so viel wie im Bundesdurchschnitt. Große Städte sucht man vergebens, und auch die Zerschneidung durch Straßen, Bahnlinien und Siedlungen ist hier geringer als anderswo. Mit 100 Einwohner pro Quadratkilometer liegt beispielsweise der Main-Spessart gerade mal bei einem Drittel des deutschen Durchschnitts. Und in den letzten 160 Jahren hat sich die Einwohnerzahl nicht einmal verdoppelt. Die armen Buntsandsteinböden ließen seit jeher nur eine bedingte Nutzung zu und führten zu vielfältigen Bewirtschaftungsweisen, mit denen man versuchte, doch noch ein bescheidenes Auskommen zu schaffen. Mäh-, Streu- und Wässerwiesen, Glashütten, Köhlerei, Salinen und Waldweide haben im Spessart ihre Spuren bis heute hinterlassen. Die extensive Landwirtschaft, zu der in klimatisch begünstigten Regionen sogar Wein- und Obstanbau zählen, führte zu einem Mosaik an Kleinlebensräumen, von denen nicht wenige bis in unsere heutigen Tage erhalten blieben. Und so finden sich hier noch Pflanzen und Tiere, die anderswo längst selten geworden oder sogar ausgestorben sind. Charakterarten alter Laubholzbestände wie der eindrucksvolle Schwarzspecht, der Schwarzstorch oder einer unserer größten Käfer, der Hirschkäfer, gehören dazu, aber auch so seltene wunderschöne Pflanzen wie Frauenschuh und Schachbrettblume. Und einige der ganz besonderen Spessartbewohner, die über Jahrhunderte hier weilten, aber schließlich den Nachstellungen durch den Menschen oder der veränderten Bewirtschaftungsweisen nicht standhalten konnten, sind seit einigen Jahren zurückgekehrt. Allein zuweilen, mitunter aber auch durch helfende Hände. Zu nennen wären da zum Beispiel der Biber als genialer Wasserbauer und Landschaftsarchitekt, die heimliche Wildkatze und der größte deutsche „Singvogel" – der Kolkrabe. Von all den Seltenen und Schönen, den Unscheinbaren und den Auffälligen wird hier – wissenschaftlich fundiert – berichtet. Und unvermittelt wird klar – der Wald, dieser Spessart, ist mehr als die Summe seiner Bäume.

Und Wald ist nicht gleich Wald. Was sich dem wandernden Laien als angenehmes Grün präsentiert, ist für den artenschutzversierten Fachmann oft eher eine Wüste. Für Deutschland so charakteristische Baumarten wie die Buche werden leicht zu einem über 200-

jährigen Methusalem, mit einer langen Zerfallsphase von Jahrzehnten, in denen sie einer ganzen Kette an Lebensgemeinschaften von den Pilzen und Flechten, über Insekten bis zu den Vögeln Lohn und Brot bietet. Wenn man sie nur altern lässt – denn eingeschlagen wird sie meist hundert Jahre früher im besten Jugendstadium. Obwohl Deutschland mit einem Drittel Waldbestand eigentlich gar nicht so schlecht dasteht, leisten wir uns doch gerade einmal winzige 0,8 Prozent davon als Bannwald, ohne menschliche Eingriffe – mit Bäumen, die ihr natürliches Alter erreichen dürfen. Und auch sonst sieht es mit den Schutzgebieten, in denen wir die biologische Vielfalt auch für unsere Enkel konservieren und erlebbar machen sollen, außerordentlich mager aus: Nur Nationalparks und Naturschutzgebiete besitzen einen relativ starken Schutzstatus, und selbst der fällt oft deutlich hinter den internationalen Standard zurück. Besonders betrüblich sieht es jedoch bei den Flächen aus: Gerade mal 2,2 Prozent der Landesfläche sind als Nationalparks ausgewiesen, ohne die ausgedehnte Wattflächen sind es sogar nur magere 0,5 Prozent. Über 11 Prozent Deutschlands sind dagegen bereits Verkehrs- und Siedlungsfläche – mit stark steigender Tendenz. 130 Hektar, eine Fläche größer als 200 Fußballplätze, kommen jeden Tag dazu. Deutsche Schutzgebiete sind, wie es der Journalist Horst Stern einmal treffend beschrieb Fliegenschisse auf der Landkarte. Soviel wie die tägliche Versiegelungsfläche misst zum Beispiel ein deutsches Durchschnittsnaturschutzgebiet. Aber 220 Hektar Feuchtwiese braucht allein Meister Adebar, wenn er mit seiner Gemahlin auf den Auenflächen der Kinzig Nachwuchs aufziehen wollte, über 30 000 Hektar Spessartwald benötigte ein einzelnes Luchspaar gar. Es fehlt, so zeigen diese Zahlen unmissverständlich, in Deutschland vor allem an großen, möglichst naturbelassenen Wald- und Feuchtgebieten.

Die beiden Naturparks Hessischer und Bayerischer Spessart umfassen immerhin 3 170 Quadratkilometer – für deutsche Verhältnisse eine fast riesige Fläche. Doch der Schutzstatus, überwiegend auf Tourismus und Erholung ausgerichtet, ist ein schwacher und wird anderen Interessen kaum standhalten. Nach der Lektüre dieses Buches stellt sich vielleicht zwangsläufig die Frage: Hat er nicht mehr verdient, unser Spessart? Sollten wir nicht gemeinsam die Chance nutzen, diesen grünen Fleck auf der Landkarte dauerhaft zu sichern und zu weiterer Naturnähe zu entwickeln – letztendlich eben auch zum Wohle seiner menschlichen Bewohner und Besucher?

Doch jetzt lassen Sie sich erst einmal entführen in dieses Wunderland vor der Haustüre. Und zögern Sie nicht, mit Gummistiefeln und Fernglas, mit Taschenlampe und Lupe, im Morgengrauen oder auch nach Einbruch der Dunkelheit vorsichtig und rücksichtsvoll selbst den Trommlern im Forst, dem Wotansboten oder dem Krummschnabel, den Gauklern und Kobolden nachzuspüren.

Dr. Christof Schenck
Direktor der Zoologischen Gesellschaft Frankfurt (ZGF)

Die ZGF bemüht sich seit Jahrzehnten zwischen Main-Kinzig und Sinn und in der angrenzenden Rhön Feuchtwiesen zu erhalten, Bäche zu renaturieren, nachhaltige, naturverträgliche Landnutzungsformen zu etablieren und einzelnen, besonders bedrohten Arten wie Schwarzstorch, Laubfrosch oder Gelbbauchunke zu helfen.

Natur pur vom Main bis zur Sinn

An den Schaltstellen der Naturparkverwaltung: Der Vorsitzende und Vizelandrat des Main-Kinzig-Kreises, Günter Frenz (rechts), und Geschäftsführer Matthias Schlote beim Gespräch über neue Wanderwegezeichen.

Es ist die Heimat der Biber und der Orchideen. Hier leben Schwarzstorch und Kolkrabe. Flattern seltene Fledermäuse und der nur wenigen Geduldigen sichtbar gewordene Sperlingskauz. Weite Täler wechseln sich mit tiefen Wäldern ab, sanfte Höhenrücken mit Auwäldern. Und das alles in der Nachbarschaft eines dicht besiedelten, uralten Kulturlandes, vitaler Städte und Dörfer, pulsierender Verkehrswege: der Naturpark Hessischer Spessart.

Er ist eines von zehn besonderen Refugien der Natur in Hessen und für die Menschen aus der Rhein-Main-Ballungsregion als Erholungsgebiet weit geöffnet.

Beim Blick auf die Landkarte mutet dieser Naturpark wie ein Fabelwesen an: im Schlüchterner Raum mit einem gewaltigen Kopf mit spitzem Ohr im Norden und einer grazilen Unterlippe im Süden, mit dem Hängebauch im Flörsbachtal und Jossgrund, mit dem schmalen Körperende zwischen Hanau und Großkrotzenburg und sogar mit einem „Anhängsel“ an der Bauchseite, dort, wo Hessen eben wie ein Stachel ins Unterfränkische ragt. Das Fabeltier könnte ein Fisch, eine Kröte, ein Drachen sein. Kein Wunder auch: Hier ist ja auch das Land der Brüder Grimm, der Deutschen liebste Märchenonkel.

Die Ausdehnung von West nach Ost: vom Main bis zur Sinn, von Nord nach Süd von Aufenau bis weit hinter Kempfenbrunn und Lohrhaupten. Der Park ist eines der größten geschlossenen Waldgebiete in Deutschland, wird von Buntsandstein, Basaltflächen und Muschelkalkablagerungen geprägt und ist als Wanderlandschaft optimal erschlossen. Eine neue Landkarte weist 244 Rundwege aus. Bodenfunde und erinnerungswürdige geschichtliche Daten stellen unter Beweis: Vor allem die Täler sind uraltes Siedlungsland. Und heute begehrter Wohnsitz am Rande des Ballungsgebietes, gut erschlossen durch Autobahn A 66 und die Bahnlinie Frankfurt-Fulda.

Für die Natur ist überreich Platz geblieben – für eine facettenreiche Flora mit großen Eichen- und Buchenwäldern, Heidelbeeren, Heidekraut und Waldmeister, mit seltenen Moosen, vielen Orchideen, raren Farnen, Magerrasenflächen. Die Fauna reicht von dem wieder angesiedelten Biber in Sinntal bis zu der aus dem Bayrischen eingewanderten Wildkatze und wird von den in das Naturparkemblem aufgenommenen Spechten geprägt. König der Naturparkwälder ist der Rothirsch.

Betreut wird der Naturpark von einem Zweckverband, den der Main-Kinzig-Kreis und 14 seiner Städte und Gemeinden bilden, die im Naturraum Spessart liegen. Die Zentrale ist ein Büro in Gelnhausen, Barbarossastraße 20.

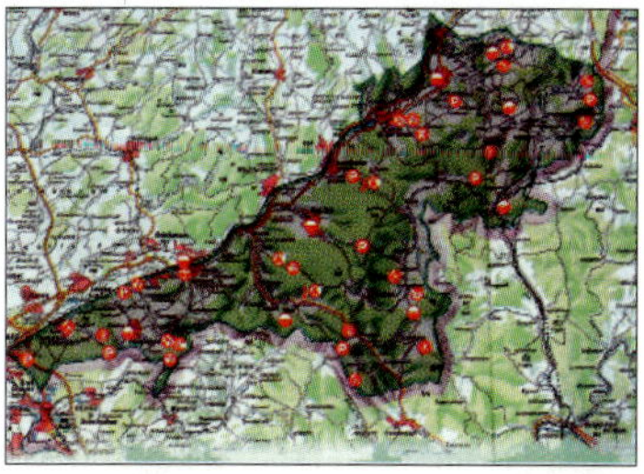

Naturpark zwischen Hanau und der Sinn: Die Silhouette dieser facettenreichen Spessartlandschaft erinnert an ein Fabeltier.

Natur erlebbar machen

Eine jährlich zu erneuernde Plakette weist den Waldführer aus.

Nein, die Kuh ist nicht lila. Und die Maus, die Körner sammelt, nicht pummelig und quergestreift, sondern grazil und grau. Das Rehkitz kein von kugelrunden Kulleraugen geprägtes Schmusetier, das sich zutraulich streicheln lässt, sondern ein scheues Etwas. Naturkunde heute: weil die Schulen etwas versäumt haben, weil Werbespots und herzige Zeichentrickfilme das Bild der Natur „verrückt" haben? Deshalb braucht der Mensch den Führer. Damit er zum Beispiel den Wald kapiert, vor allem das facettenreiche Geschehen im Naturpark Spessart.

Also gibt es Naturparkführer. Sie machen die Natur erlebbar. Und registrieren: Draußen im Forst prasselt ein Hagel von Fragen auf sie nieder, ganz gleich, ob sie nun eine Schulklasse führen oder einen Kegelclub, der sich beim Vereinsausflug ein oder zwei Stunden Naturerlebnis gönnt.

Die Idee, derartige Führer zu rekrutieren, wurde im Naturpark Harz geboren. Sie fiel auch im Main-Kinzig-Kreis auf höchst fruchtbaren Boden. Die Ehrenamtsagentur des Main-Kinzig-Kreises bot diese Freizeitaufgabe an. Zu einer der ersten Besprechungen drängten sich 50 Interessenten. Kein Wunder: Förster zu sein, mit der Natur in der herrlichen Landschaft des Spessarts auf Du und Du zu stehen, ist auch im digitalen Zeitalter noch ein Traumjob. Da nur wenige Förster werden können, die Liebe zur Natur aber dauerhaft bleibt, spricht sie das Angebot an, Zusätzliches über die Natur zu lernen und das an andere weiterzugeben.

Ranger, die die Nationalparks, wie zum Beispiel im Bayerischen Wald, überwachen, sind diese Waldführer nicht. Sie haben kein Hoheitsrecht, dürfen also den Hundebesitzer nicht reglementieren, der seinen „Bello“ draußen im Forst frei herumlaufen lässt, werden höchstens höflich mahnen, um Verständnis für die Natur werben.
Diese Führer sollen erklären, was sie selbst dank ihrer geschulteren Augen erkennen, darauf verweisen, wie sensibel die Natur, ihre Tiere und Pflanzen sind, geduldig Fragen beantworten, ein Betrag zum ländlichen Tourismus sein.
Etliche Dutzend Frauen und Männer haben für diese Aufgabe gebüffelt, bei einer Prüfung demonstriert, dass sie firm sind, um Waldinteressenten klüger zu machen, haben sich spezialisiert. Wenn eben eine Gruppe wissen will, wie es um die Reptilien im Spessart steht, kann der Reptilienfachmann als Waldführer antreten.
Diese Waldführer tragen eine Plakette, die keine Legitimation auf Lebenszeit bedeutet. Die Experten werden weitergebildet. Ihre Erklärungen und Antworten bei den Führungen sollen kompetent und zeitnah sein. Deshalb muss die Plakette in jedem Jahr erneuert werden.
Das Naturpark-Büro in Gelnhausen (Telefon 06051/883532 oder – 42, Fax 06051/883547) vermittelt die Waldführer und ist Ansprechpartner für all jene, die diese ehrenamtliche Aufgabe noch übernehmen wollen und bereit sind, Zeit für die Ausbildung aufzubringen.

Des Königs Hormone

Rothirschleben in der Retorte: Im Wildpark Alte Fasanerie sind die Könige der heimischen Wälder zum Greifen nahe.

Auch den König treiben die Hormone. Regelmäßig im Herbst. Und dann so intensiv, dass seine Pfunde dahinschwinden, er rund um die Uhr auf den Beinen bleibt. Immerhin gilt es, einen Harem vor Mit-Königen und Prinzen zu schützen. Da muss er schon mal, selbst wenn der Magen knurrt, Persönlichkeit beweisen, nämlich markerschütternd röhren und Kraft zeigen. Dann wird der dem Harem zu nahe kommende Nebenbuhler verjagt – oder: Dieser verjagt den bisherigen König und rückt an seine Stelle.

So geschieht's bei jenem Wild im Bereich des Naturparks Spessart, das „Schmeils Leitfaden der Naturkunde" von anno 1949 mit schulmeisterlichem Bemühen beschreibt: „Der Rot- oder Edelhirsch wird wegen seiner Größe und edlen Gestalt, wegen seiner Stärke und Schnelligkeit, wegen des mähnengeschmückten Halses und der herrlichen Kopfzier des Männchens mit Recht als der ‚König unserer Wälder' bezeichnet." Diese Majestät wirft auch anderweitig Gewicht in die Wagschale. Der erwachsene Hirsch erreicht eine Schulterhohe von 1,30 Metern, also fast die eines Pferdes, und kann hierzulande bis zu drei Zentner schwer werden.

Allerdings ist dieser König auch ein übler Gesell. Der „Schmeil" kreidet ihm an, dass er durch das Abreißen von Baumrinde und beim Äsen auf den Äckern „empfindliche Schäden anrichtet". Deshalb wird im Uralt-Schulbuch und in der Diktion von 1949 hervorgehoben: „Der Rothirsch wurde in den meisten Gegenden unseres Vaterlandes bereits ausgerottet."

Auch im Spessart ist in den letzten Jahrzehnten reichlich Rotwild die Kugel auf die Decke gebrannt worden – das aber nur, um Wildmangement zu betreiben. Was das bedeutet, kann am kompetentesten Hans-Jürgen Bachmann schildern, Leiter des Staatsforstamtes Jossgrund im Rang eines Forstoberrates und offiziell bestallter Sachkundiger im Rotwildgebiet. Sein Urteil: Der Rotwildbestand wird so gesteuert, dass die durch die Tiere in Wald und Feld entstehenden unvermeidli-

chen Schäden „vertret- und damit tolerierbar sind“.
Das Spessart-Rotwildgebiet, das im Norden von der Kinzig begrenzt wird, im Osten bis zur Kinzigquelle reicht und zur bayrischen Landesgrenze, im Süden ebenfalls von diesem „Weißwurstäquator“ abgeschlossen wird und im Westen in das Linsengericht greift, teilt sich in 77 Jagdbezirke in einer Größe zwischen 100 und 6 500 Hektar. Hier leben (Bachmann: „Zählen kann man die nicht, aber ihre Zahl hochrechnen.“) 550 bis 650 Stück Rotwild. Jedes Jahr werden rund 230 Kälber gesetzt, also Jungtiere geboren. Das Soll der Jäger, damit im Spessart die vom Rotwild verursachten Schäden nicht ausufern: 220 plus X Tiere sollten abgeschossen werden.
Damit der Rotwildbestand im Spessart waldverträglich ist und auch bleibt, muss der Rotwildring „Rotwildgebiet Spessart“ diese Aufgabe meistern: Sicherung der an ihren Lebensraum angepassten Wildbestände.
Dass es mal anders war, verraten die Streckenlisten zwischen den sechziger und neunziger Jahren. Zwischen 1968 und 1979 sind pro Jagdsaison zwischen 472 und 700 Tiere erlegt worden. Sogar in den neunziger Jahren stehen noch über 500 Abschüsse zu Buch. Im Jahr 2000 waren es nur noch 194.
Allerdings zeigt sich im Spessart noch immer ein Suppenschüsseleffekt. Das Rotwild konzentriert sich in der

Kernzone rund um das Staatsforstamt Jossgrund: „Zwei Drittel der Abschüsse erfolgen hier“, berichtet Bachmann. Im Rotwildgebiet Spessart gibt es reichlich rotwildfreie oder -arme Randgebiete. Der Rotwildring bemüht sich deshalb um Wildmanagement: das Rudeltier Rotwild so zu steuern, um eine „den Möglichkeiten des Lebensraumes angepasste Besiedlung zu erreichen“, erläutert Bachmann. Im Klartext: Der Bestand sollte sich möglichst gleichmäßig verteilen.
In diesem Gebiet mit Anschlüssen an die Rotwildgebiete im bayrischen Spessart, in der Rhön und im Thüringer Wald wird im September und Oktober für Nachwuchs gesorgt. Die Hirsche röhren, die Kühe und Kälber sind willig. Zu Augen und zu Ohren bekommen dieses Geschehen nur wenige.
Macht nichts! Da gibt es ja die Chance, in die Retorte zu blicken. Am Hanauer Stadtrand bietet der Wildpark Alte Fasanerie Klein-Auheim die Gelegenheit, das Leben in einem Rotwildrudel zu beobachten, das nicht im Dickicht untertauchen kann. Der Lebensraum der 26 Tiere (10 männliche und 16 weibliche): ein 12 Hektar umfassendes, gut einsehbares Gatter, das übrigens so groß ist wie die gesamte Fläche des Frankfurter Zoos.

Herbst ist „Hochzeit“ für die Brunft der Rotwildhirsche. Das lässt sich an versteckten Stellen auch in freier Natur gut beobachten.

Wenn Kinder Kinder kriegen

Mir ist so saugemäß wohl: ein gut genährter, im Laufe des Sommers wohl als Liebhaber häufig gefragter Keiler – beim Ruhen nach dem Bade in seiner Suhle beobachtet.

Für den einen ist es ein Albtraum, zum Beispiel für Gerhard Ries, Jagdpächter und -aufseher in Langenselbold: „Ich schreck' nachts im Schlaf auf und seh' nur noch Wildschweine", stöhnt er – die Schwarzkittel, nach denen er am Abend vorher und bis zum allerletzten Dämmerlicht oft vergeblich Ausschau gehalten hatte.
Ries ist so genannter Feldjäger und hat damit die Aufgabe, Wildschaden an den Früchten der Felder zu verhindern, durch Schweinbejagung. Er kriegt die „Biester" aber nicht vor die Büchse. Keiler und Bache, Überläufer und Frischlinge verspüren abends noch keinen dringenden Hunger und werden zudem von Joggern, Mountain-Bike-Radlern und Reitern vergrault, die Feld- und Waldwege nutzen.
Ries' Waldjäger-Kollegen sehen es hingegen gern, wenn sich draußen im Tann starke Rotten tummeln, der Boden umgepflügt wird, Eicheln und Bucheckern eingebuddelt werden, ausschlagen und für Naturverjüngung sorgen, wenn das Borstenvieh möglichst viele unterirdisch lebende Schädlinge verfrühstückt oder als Gesundheitspolizei fungiert, nämlich Aas wegfrisst.
Der Albtraum der Feldjäger: Wildschweinkinder bekommen bereits Kinder – im jägerischen Klartext: Weibliche Frischlinge setzten selbst Frischlinge in die Welt, die als „Streifenhörnchen" herumwuseln.
Udo Dallmann, Sachbearbeiter der Unteren Jagdbehörde des Main-Kinzig-Kreises und Jagdpraktiker (Jagdaufseher im Linsengericht), spricht von einer Bestandsexplosion des Schwarzwildes im Naturparkbereich. Der eine Grund: sehr milde Winter. „Da kamen auch schwache Stücke durch", hat Dallmann beobachtet. Über viele Monate war für die Schwarzkittel der Tisch reich gedeckt: die so genannte Mast fiel üppig aus, Eichen und Buchen hatten viele Früchte abgeworfen. Und: Maisfelder lieferten nicht nur Nahrung, sondern auch Verstecke. Wer gut gefüttert ist, ist vital. Also

haben die weiblichen Tiere (Bachen) mehr Kinder (Frischlinge) bekommen.

Die Jäger hatten es bemerkt, versuchten entgegenzusteuern. Allerdings: „Draußen im Feld bekommen sie das Schwarzwild nur bei schlechtem Licht vor ihre Jagdgewehre", berichtet Dallmann. Die Schwarzkittel sind heimliche Gesellen. Der um eine Bestandsreduzierung bemühte Jäger kommt selten sicher zum präzisen Schuss. Auch aus einem zweiten Grund bröckelt die Ordnung in den Wildschweinrotten: Häufig vermeldet der Polizeibericht, dass wieder einmal Wildschweine unter Autoräder gerieten und es sich dabei oft um das beim Überqueren der Straße vorauseilende Leittier der Rotte handelt.

Diese führende Bache bestimmt die Rauschzeit, signalisiert ihren Mitschweinen, wann die männlichen Tiere, die Keiler, zur Befruchtung genehm sind. Fehlt diese Vorgabe der „Chefsau", dann werden die Bachen jeden Alters häufiger zugänglich. Die Keiler nutzen ihre Chancen. So passiert es, dass Schweinekinder aus dem ersten Wurf eines Jahres im Sommer rauschig, also empfängnisbereit, werden und im Herbst selbst Kinder zur Welt bringen, besagte Streifenhörnchen.

Wenn sich die Natur nicht selbst hilft und mit einem sehr strengen, schneereichen Winter für eine starke Auslese sorgt, ist des Jägers Büchse gefragt. In den ersten beiden Jagdjahren des neuen Jahrtausends sind zwischen Main und Distelrasen 2 137 und 1 687 Schwarzkittel auf ihre Schwarte gelegt, sprich geschossen worden. Und weil es auch dann noch viel zu viele waren, gab es Order an die Jäger zwischen Main und Distelrasen: Keiler, Bachen, Überläufer und Frischlinge scharf zu bejagen. Das ist geschehen. Die Streckenliste für das Jagdjahr 2001/2002: 4 122 Stück Schwarzwild, darunter 238 Keiler.

Viele Wildschweine bedeuten für die Jagdpächter ein finanzielles Risiko. Sie müssen für die Schäden, die die Schwarzkittel an Feldfrüchten anrichten, geradestehen. Die Statistik der Unteren Jagdbehörde beziffert den im Jagdjahr 2000/2001 offiziell erstatteten, weil vom

Schwarzwild angerichtete Schaden auf fast 156 000 Mark. Dallmann ahnt, dass der Schaden sehr viel höher liegt. „Da wird manches wegen der guten Beziehungen zwischen den Grundstücksbesitzern und den Jagdpächtern unter der Hand geregelt."

In der genannten Summe sind nicht die Schäden an Sportanlagen und Hausgärten enthalten. Das sind so genannte befriedete Bezirke, auf denen nicht gejagt wird. Das einzige wirksame Mittel gegen die wilden Schweine: einen festen Zaun um die Grundstücke ziehen.

Und da gibt es noch ein anderes, dringendes Muss zur Bejagung des Schwarzwildes. Jenseits des Rheins grassiert die Schweinepest, weshalb an eine Impfung des Schwarzwilds gedacht wird. Der Grund hierfür: Springt die Schweinepest vom Schwarzwild auf Haustiere über, dann müssen die Bestände – wie durch Bilder aus Niedersachsen drastisch deutlich gemacht – gekeult, also komplett getötet werden.

Im Bereich des Naturparks Hessischer Spessart wappnet man sich vor Gefahren. Bei vielen der erlegten Stücke Schwarzkittel wird eine Blutprobe gezogen und auf so genannte Antikörper der Schweinepest untersucht.

Viel Wirbel also um ein Großwild unserer Heimat, zentnerschwere Keiler, wehrhafte Bachen, das vor fünf Jahrzehnten in vielen Gegenden gänzlich ausgerottet schien. Die Entwicklung tendierte in eine andere Richtung: Das Schwarzwild ist wegen der augenblicklich günstigen Lebensbedingungen hierzulande vitaler denn je.

Der Pascha bittet

Eine Besonderheit im Naturpark: farbenfrohes Damwild zwischen Wild, fast schwarz und weiß. Beidseits der Landesgrenze gedeiht dieses einstige Gatterwild in Landesgrenzen überschreitender Freiheit.

Alljährlich im Oktober bittet der Pascha die Damen. Er hat eine Kuhle gegraben, die Jahreszeit gemäß durch reichlich Regen durchfeuchtet ist, sprich matschig. Diesen Matsch parfümiert er mit eigenen Körpersäften. Damit das empfängnisbereite Kahlwild ihn nicht überriecht, schreit er bisweilen, rülpst und knurrt er mit mäßiger Lautstärke, „höchst unmelodisch", wie es Heinrich Denich beschreibt.

Der für den lokalen Waldbezirk Rodenbach zuständige Forstamtmann ist Chef des Damwildhegeringes Bulau und zugleich auch amtlich bestellter Damwild-Sachverständiger, also über Werden und Gedeihen einer weit und breit einzigartigen Wildpopulation kundig.

Der Experte weiß: In ferner Vorzeit gab es – und das beweisen Knochenfunde – hierzulande Damwild. Grimmige Wetter während der Eiszeit hatten es in damals mildere Gefilde verdrängt, zum Beispiel in das Zweistromland zwischen Euphrat und Tigris, nach Mesopotamien (Irak, Türkei, Syrien). Die Römer hatten wohl die ersten Tiere nach Mitteleuropa reimportiert. Einen Boom erlebte dieses Wild durch die Potentaten des 15. und 16. Jahrhunderts. Attraktive Hirsche, die eine tolle Trophäe (Schaufelgeweih) versprachen, und Kahlwild, das wohlschmeckendes Fleisch für die herrschaftliche Tafel lieferte, wurden in Parks und Fasanerien heimisch gemacht. Schmuckstücke auf vier Läufen, weil das Fell zwischen schwarz-weiß und porzellanfarbig schillern kann, weil alle Altersklassen „Bambiflecken" haben, die Jungtiere mit ihren großen Augen allerliebst erscheinen und sehr verspielt sind.

Dass im Naturpark dieses Gatterwild wild lebt, ist auf ein Auswilderungsprojekt zurückzuführen: In den dreißiger Jahren wurden in der Bulau sechs weibliche Tiere und ein Hirsch ausgesetzt. Inzwischen leben an den Ausläufern des Spessarts nach den Schätzungen von Denich 120 bis 150 Stück Damwild.

Sie haben rund 6 500 Hektar Wald und Feld beidseits der hessisch-bayrischen Grenze erobert. Die Grenzen

des Damwildbezirkes: die ehemalige B43 zwischen Wolfgang und Neuenhaßlau, an Gondsroth und Somborn vorbei, ins Bayrische nach Albstadt und Michelbach, der Kahl entlang bis zur Autobahn 45 und von hier wieder in den Bereich Wolfgang zurück.
Der derzeitige Bestand ist nach Einschätzung von Heinrich Denich „waldverträglich" und profitiert von besonderen Fördermaßnahmen, die der einstige Chef des Forstamtes Wolfgang, Dr. Walkenhorst, auf den Weg brachte.
Allerdings: dieser Damwildbestand ist eine so genannte Inselpopulation. Ihm droht genetische Verarmung. Ob sie durch Überläufer aus Damwildgehegen gemindert werden kann? Es wird vermutet, dass aus dem ysenburgischen Damwildgehege rund um Wittgenborn entkommene unternehmungslustige Hirsche den Weg vom Vorland des Vogelsberges über die Kinzig in die Bulau finden, vielleicht sich auch aus einer Damwildfarm im Freigericht ausgebrochene Tiere in der Wildnis akklimatisieren. Die nächste Insel mit frei lebendem Damwild befindet sich nahe Mörfelden, zu weit von der Bulau entfernt, um auf einen Blutaustausch hoffen zu können.
Für den ballungsraumnahen Wald im Gebiet des Naturparks Hessischer Spessart ist das Damwild eine Bereicherung. Kälber und Kitze sind längst nicht so scheu wie anderes Getier, auch am Tag aktiv, also häufig bei Waldspaziergängen zu entdecken. „Damwild ist eben neugierig", so Heinrich Denich.
Und wer trotz aller Bemühungen weder Hirsch noch Kahlwild bisher zu Augen bekommen hat, kann Damwild sehr nahe sehen. In den Schaugehegen im Wild-

Damwild liebt parkähnliche und offene Landschaften, nicht den dichten Wald.

park Bad Orb und in der Alten Fasanerie in Klein-Auheim, wo die rund 30 Tiere auch noch als Studienobjekt dienen: Jäger, die die Aufgabe haben, den wild lebenden Bestand auf Sollstärke zu halten, schauen sich in der Alten Fasanerie an, wie Hirsch, Kuh und Kalb einzuordnen sind.

Damwild liefert ausgesprochen schmackhaftes Wildbret und wird deshalb auch in Farmen gemästet. Experte Denich glaubt, den Unterschied zwischen Wild- und Farmfleisch herausschmecken zu können, den Tieren vor allem anzusehen, wo sie aufgewachsen sind, zum Beispiel am Gewicht der Hirsche. Wilde bringen 60 Kilogramm auf die Waage. Dort, wo es reichlich Leckerlis durch Besucher gibt, sind es schon mal 80 Kilogramm.

Die Brunft des Damwildes erfolgt einige Wochen später als die des Rotwildes und ist längst nicht so spektakulär. Aus seiner Brunftkuhle erhebt sich der Damhirsch nur, wenn es zur Sache geht oder wenn ein Beihirsch unter Drohung mit den mächtigen Schaufeln auf Distanz gehalten werden muss. Das Jahr über bilden die weiblichen Tiere und ihr Nachwuchs Rudel, die jüngeren Hirsche Gruppen. Die Platzhirsche bleiben Einzelgänger. Vor allem die männlichen Tiere wandern und sind nach der Brunft vorwiegend im Bereich des Forstamtes Wolfgang dann im Freigerichter und angrenzenden bayrischen Raum zu finden. Und was im späten Oktober am Rande der Brunftkuhlen gezeugt wurde, kommt in den Dickungen im Juni ans Tageslicht: herzallerliebste, bunt getupfte Bambis mit riesigen Augen ...

Alle haben ihn zum Fressen gern

Viele haben ihm zum Fressen gern: der auch in den flachen Gebieten des Naturparks Hessischer Spessart heimische Feldhase. Hier sein Porträt aus einer Unterrichtsreihe des Deutschen Jagdschutzverbandes. Im Hintergrund zwei Rammler, die einen Ranglistenkampf ausfechten.

Es ist schon ein arges Schicksal, wenn ihn alle zum Fressen gern haben. Die ihn auf diese besondere Weise lieben: „Menschen, Hunde, Wölfe, Luchse, Katzen, Marder, Wiesel, Füchse, Adler, Uhu, Raben, Krähen. Jeder Habicht, den wir sehen, Elstern auch nicht zu vergessen. Alles, alles will ihn fressen", reimte der dem Weidwerk aufgeschlossene Verseschmied schon zu jener Zeit, als schnörkelreiche Druckschrift noch die Zeitungen und Zeitschriften bestimmte.
Der schon vor einem Jahrhundert nach des Dichters Worten vom Schicksal Gebeutelte, der Feldhase, im Naturpark-Vorland hin zum Kinzigufer einst häufig, ist heute aber nur noch verstreut zu finden.
Die Statistik der für den gesamten Main-Kinzig-Kreis zuständigen Unteren Jagdbehörde spricht Bände: Es wurden im Jagdjahr 2001/2002 zwischen Maintal und Sinntal gerade mal 278 Hasen erlegt. Noch in den fünfziger und sechziger Jahren des letzten Jahrhunderts fielen bei Treibjagden in guten Revieren unter den Schrotsalven der Jäger innerhalb weniger Stunden so viele Meister Lampe wie jetzt in einem ganzen Jagdjahr.
Die Entwicklung hat auch der frühere Kreisjagdberater im Hanauer Land, Gerhard Weber, Bruchköbel, in Zahlen gefasst. In den schon erwähnten guten Hasenrevieren wurden bis 1973 pro hundert Hektar Fläche 60 bis 70 Hasen geschossen. „In den folgenden Jahren waren es hingegen noch vier bis fünf", zitiert eine Jagdzeitschrift den Bruchköbeler. Er zählte zwischen 1995 und 2001 mit Helfern die Langohren im Bezirk Bruchköbel/Oberissigheim/Langendiebach/Ravolzhausen: Die Probeflächen wurden mit starken Scheinwerfern weithin ausgeleuchtet, die dabei entdeckten Hasen aufgelistet. Es waren nur noch 20 bis 25 Mümmelmänner pro hundert Hektar. Die Konsequenz: Derart schwache Bestände lassen in vielen Revieren keine Jagd auf den Hasen mehr zu. Er hat also „Ruh", wie die Jäger es in ihrer bunten Sprache nennen, wenn sie den Hahn ihrer Flinte ruhen lassen.

Wo es noch erträgliche Populationen gibt, werden ein paar so genannte „Küchenhasen“ erlegt – als allerfeinste Delikatesse für des Jagdpächters und seiner allerbesten Freunde Mittagstisch. Die Feldhasen, die die Supermärkte bieten, kommen längst aus Osteuropa und sogar aus Argentinien.
Im Rahmen seiner Untersuchungen nannte Weber auch Gründe dafür, warum der Hase so rar geworden ist: Seine Feinde konnten sich über viele Jahre ungebremst vermehren, zum Beispiel Krähe und Habicht, vor allem aber der Fuchs. Aber auch eine andere Entwicklung macht es dem Hasen sehr schwer: die Rationalisierung der Landwirtschaft, das schnelle Abernten der Felder, der konsequente Einsatz von Pflanzenschutzmitteln, und das im März übliche Vorbereiten der Äcker für die Einsaat. Der als erster Wurf in den Furchen versteckte Hasennachwuchs wird dann häufig untergeegt. Ein anderer Störfaktor: die Beunruhigung in den Feldgemarkungen durch Spaziergänger und Hobbysportler. Ein Hasenkiller ist auch der dichte Verkehr auf den Straßen im ländlichen Raum. Dazu gibt es eine Zahl in der Jahresstatistik der Unteren Jagdbehörde: Es sind im Jagdjahr 2001/2002 mindestens 196 Feldhasen unter Autoräder geraten. So viele wurden jedenfalls amtlich registriert.
In einer derart feindlichen Umwelt hilft dem Feldhasen auch nicht mehr, dass er überaus fortpflanzungsfreudig ist. Es gilt längst als ungeschriebenes Gesetz, dass es in vielen, wegen einer rationellen Landwirtschaft ausgeräumten, Gemarkungen für die Junghasen im Frühjahr keine ausreichenden Verstecke gibt. Dann haben nicht nur die schon genannten Tiere Appetit auf „Hasenbraten“. Auch der Storch lässt sich Mümmelmann-Babys schmecken, ebenso Dachs und Wildschwein, sogar der Igel.
Ein Gebot der Stunde: Meister Lampe wieder auf die Beine helfen. Das *Wie* wird von zwei Meinungen bestimmt: das Raubwild, also das Getier, das Meister Lampe eben zum Fressen gern hat, intensiv bejagen oder aber für Mümmelmann seine Welt wieder in Ordnung bringen. Ein Beispiel dafür aus dem Bereich des

Offenland in Neuenhaßlau: Wildkräuter bieten dem Hasen Nahrung und Versteck. Jagdpächter Gerhard Lofink registriert einen wachsenden Bestand.

Naturparks Hessischer Spessart: das vom Land Hessen und dem Landesjagdverband über die Jagdabgabe finanzierte Offenlandprogramm. Seit vier Jahren nutzt der Pächter des 370 Hektar großen Revieres Neuenhaßlau, Gerhard Lofink, dieses Programm. Und siehe da, es tut sich Erstaunliches. Lohfink weiß zwei Ketten der anderswo längst verschwundenen Rebhühner in seinem Revier, etliche Fasanen und nutzte vom Himmel gerieselten Schnee, um anhand der Spuren die Zahl der Hasen zu schätzen. Der Jagdpächter: „Es sind erfreulich viele."

Offenlandprogramm bedeutet, dass brachliegende und so genannte Stilllegungsflächen mit Kräutern eingesät werden, die nicht nur für den Mümmelmann, Reh und Rebhuhn eine Leibspeise sind, sondern ihnen auch Verstecke bieten. Die Wildkräuter locken Insekten und Schmetterlinge an und viele Vögel. Der biologische Kreislauf belebt sich.

Die dreieinhalb Hektar Offenland werden im Zwei-Jahres-Rhythmus umgebrochen und neu eingesät. Gedüngt werden diese Flächen nicht. Gerhard Lofink kommt zu dem Schluss, dass sich sein Engagement für dieses Programm gelohnt hat. Während anderswo der Feldhase zur Rarität mit abnehmender Tendenz wurde, nimmt im Bereich Neuenhaßlau der Bestand zu, ist Meister Lampe häufig zu sehen.

Auffällig ist er trotz seiner braun-grauen Tarnfarbe, wenn er sich aufrichtet, also Männchen macht und seine Löffel spielen lässt. Der Feldhase hat vor allem bei hellem Tageslicht schlechte Augen, aber ein ausgezeichnetes Gehör und wird durch leiseste Geräusche aufgeschreckt. Imponierend ist auch immer wieder, wie Mümmelmann einem ihn hetzenden Hund die Hinterbeine zeigt, den Jagenden plump aussehen lässt, wenn der Hase einen Haken schlägt. Er ist eben ein auf schnelle Flucht eingestelltes Tier. Muss er auch sein – bei so vielen, die ihn eben zum Fressen gern haben ...

Ein Fuchs gleich 10 000 Mäuse

Die Rechnung von Grünrock A., der im dichten Spessartwald auf die Pirsch geht, auf Hirsch, Reh oder Schwarzwild als Beute hofft: Kollege B., der draußen im Feld als Wildschütz Ausschau hält und gerade einen Fuchs erlegt hat, soll gefälligst zehntausend tote Mäuse abliefern. Diesen Gegenwert hat ein Fuchs für den Wald, meint A. Die Gegenrechnung von B.: Nur wenn Meister Reineke intensiv bejagt wird, haben in der freien Landschaft Feldhase, Rebhuhn, Fasan und viele am Boden brütende Singvögel noch eine Chance, wird außerdem Gefahr für die Gesundheit des Menschen abgewendet.

An diesem Rotrock scheiden sich anhaltend die Geister. Für den vorwiegend vom Wald geprägten Naturpark Hessischer Spessart ist dieser Räuber ein Segen, weil er eben ein unermüdlicher und geschickter Mäusejäger ist.

Die kleinen Grautiere knabbern – wenn es weder Beeren noch Früchte zu fressen gibt – an den Wurzeln der Bäume und schädigen sie. Viele Füchse im Wald bedeuten wenig Mäuse. Und: Wenn der Spessartjäger auf dem Hochsitz nach edlem Wild schaut und ein Fuchs die Lichtung kreuzt, dann bleibt der Schießfinger gerade. Der Widerhall des Schusses auf den Fuchs könnte ja die erhoffte Beute verscheuchen. Also: Der Fuchs darf im Spessartforst weitgehend artgerecht leben.

Ganz anders in der freien Landschaft, in von der Landwirtschaft genutzten Spessarttälern: Da krümmt sich schnell der Schießfinger eines Jägers, wenn ein Fuchs in sein Visier gerät. Er gilt eben als ein schlimmer Niederwild-Fresser, wozu hierzulande die wild lebenden Hasen und Hühner gehören.

Von Jahr zu Jahr werden mehr Füchse erlegt. Zahlen dazu aus den Jahresstatistiken der Unteren Jagdbehörde des Main-Kinzig-Kreises: Im Jagdjahr 2000/2001 fielen 3 059 Füchse Schrot oder Kugeln zum Opfer, wurden 102 in hierfür zulässigen Fallen gefangen,

Meister Reineke in aller Pracht – wie ihn der Deutsche Jagdschutzverband in einer Unterrichtsreihe über heimische Wildtiere mit einer Zeichnung vorstellt.

Gezielte Jagd auf den vermeintlichen Feind des Niederwildes: Bei der zentralen Fuchsjagd des Hanauer Jagdklubs ist die Strecke gelegt. 35 Füchse kamen zu Tode.

endeten 306 bei so genannten Wildunfällen unter Autorädern. Die Zahlen aus dem Jagdjahr 2001/2002: 3 631 erlegte Füchse, 160 gefangene und 314 auf den Straßen verendete.

Nicht jede Jagd auf den Räuber vollzieht sich ohne sonderliches Getue. Der Jagdklub Hanau bläst alljährlich im Januar zur Vollmondzeit zu einer Fuchsjagd in allen Revieren und legt in aller Öffentlichkeit die Strecke: Im Januar 2002 waren es 65, im Januar 2003 dann 35 „Beutestücke“.

Meister Reineke hat ob seines klugen Aussehens ein höchst positives Image. Am Bau spielende Welpen gelten als allerliebst. Die Bocksprünge der erwachsenen Tiere bei der Mäusejagd faszinieren. Allerdings: Dieser so schöne Rotrock kann des Menschen Gesundheit arg beeinträchtigen. Selbst wenn diese Gefahr durch eine flächendeckende Schluckimpfung zurückgedrängt wurde, übertragen auch weiterhin vor allem Füchse die Tollwut auf Nutztiere und den Menschen. Er wird auch durch den Fuchsbandwurm gefährdet, dessen Eier Meister Reineke ausscheidet. Sie können an ungewaschen genaschten Wildfrüchten aus Feld und Wald hängen.

Märchen und Fabel schildern Meister Reineke als schlau und listig. Manches dem Kleintierzüchter abhanden gekommene Huhn wird auf das Konto des Fuchses geschrieben. Er reißt auch mal ein frisch geborenes Rehkitz, meuchelt Niederwild. Ob er auch gelegentlich eine Gans stiehlt? Vielleicht junge Tiere, aber sicher keinen Ganter. Die männliche Gans wird dem Fuchs von der Größe eines mittelstarken Hundes gewiss Beine machen.

Die gedrungene Struktur macht deutlich: Der Fuchs kann sich geschickt anschleichen. Er hat einen feinen Geruchssinn, hört auch leise Töne. Seine Augen sind auf Nachtsicht getrimmt, die Tasthaare an der Oberlippe Seismographen bei der Beutesuche.
Ein zugegebenermaßen schönes Tier, das im Winter einen herrlichen Pelz liefert, den heutzutage allerdings angesichts vielfältiger Kampagnen nur noch sehr mutige Evastöchter sich als Mantel, Jacke oder Kappe wünschen. In den Augen der einen ein Nützling, weil er Schädlinge dezimiert, in anderen Augen ein Nahrungskonkurrent, weil er eben dem Feldjäger den Hasen wegfrisst, bevor Jagdzeit ist. Auf alle Fälle eine höchst überlebensfähige Spezies, die eine gute Nase für alles Fressbare hat, längst in den Städten daheim ist und nach wie vor dem Kleintierzüchter im Naturparkbereich die Aufgabe stellt, seine Menagerie fest einzuzäunen. Sonst holt der Fuchs vielleicht sogar die Gans.

Wenn einmal kein geeigneter Höhlenbau vorhanden ist, verstecken sich der Fuchs und seine Brut auch unter Baumwurzeln.

Wohnungsbau mit spitzem Schnabel

Der rotköpfige Schwarzspecht im Buchenwald.

Kopfschmerzen scheint er nicht zu haben. Auch wenn er wie ein Berserker auf hartes Buchenholz hämmert bis die Fetzen fliegen, Stücke so lang wie ein Zahnstocher raushaut, die so dick sind wie ein kleiner Finger. Der Symbolvogel des Spessarts ist fürs Hämmern gebaut. Ein Stoßdämpfer in Form einer Knorpelscheibe zwischen Kopf und Wirbelsäule verhindert, dass das Schwarzspechtgehirn beim Wohnungsbau mit spitzem Schnabel „traumatisiert“ wird. Und das ist auch gut so. Wir brauchen den Hämmerer, denn er arbeitet unverdrossen sozial – für seine Mittiere im Spessartforst.

Damit sich dieser tatsächlich schwarze, durch einen roten Federfleck auf dem Kopf keck wirkende, im günstigen Falle bald einen halben Meter lange Vogel im Spessart wohl fühlt, müssen die Förster Verzicht üben. Sie lieben wie der Specht dicke Bäume. Deren dickes Holz bringt gutes Geld – fehlt dann aber beim natürlichen Sozialen Wohnungsbau à la Schwarzspecht.

Den beginnt er mit Vorliebe in mindestens 120 Jahre alten Buchen. Stehen mehrere nebeneinander, dann wird der dickste Baum ausgesucht, der freien Anflug bietet und durch einen hohen Ansatz der Äste weitgehenden Schutz gegen sich anschleichende Marder.

Das sind Eckwerte des Schwarzspecht-Schutzprogramms im Naturpark Hessischer Spessart. Kein Wunder: Dieser Schwarzspecht prägt das Emblem des Naturparks.

Ein verdienter Rang. Der Schwarzspecht ist nämlich ein fleißiger Wohnungsbauer. Für sich selbst und seine ihm nur flüchtig zugetane Gattin braucht er bis zu vier vorwiegend in Buchen, bisweilen auch in Eichen, Pappeln und Nadelbäumen mit des Schnabels Kraft gezimmerte Höhlen, die tiefste für das Brutgeschäft (Bauzeit: vier Wochen), eine zweite für die Gattin als Nachtquartier, wenn – wie zumeist – der Herr Specht brütet, die dritte als Futterdepot und die vierte als Reserve für jede

Art des Falles. Die Brut- und die Nebenhöhlen werden ein paar Jahre benutzt und dann verlassen.
Jetzt beginnt die große Zeit für die Nachmieter. 47 verschiedene Tierarten sind schon als Nutzer von verlassenen Spechthöhlen beobachtet worden: neben den traditionellen Großhöhlenbrütern wie Rauhfußkauz, Hohltaube und Dohle auch Fledermäuse und Rosenkäfer, manchmal Kleiber, die die Einflugöffnung ihrer Größe gemäß zumauern und damit ihr Obdach auch für dann noch folgende Nachmieter interessant machen, Meisen zum Beispiel.
Der Specht schafft Wohnungen für Wildbienen, Hummeln und Hornissen. Weil die Höhlen weiter ausfaulen, also größer werden, finden hier auch Eichhörnchen, Siebenschläfer und Steinmarder ein Obdach. Bisweilen sind die Höhlen sogar Etagenwohnungen: Über den tagaktiven Hauptmietern, wie verschiedene Vogelarten, richten sich im oberen Teil der Höhle nachtaktive Fledermäuse ein. Der Specht tut auch dann Gutes, wenn er vergesslich ist, mit dem Zimmern einer Höhle beginnt und sie halbfertig aus den Augen verliert. Auch diese Baustelle findet begeisterte Nutzer.
Der Schwarzspecht ist also nicht nur ein attraktiver Spessart-Symbolvogel, sondern auch ein wichtiger Wegbereiter für die Artenvielfalt im Naturpark. Deshalb gilt ihm schon über viele Jahre die besondere Obhut des Naturparkmanagements. 1993 haben Mitarbeiter der Staatsforstämter im Spessart gezählt, wie viele alte Buchen in diesem Waldland den Schwarzspecht locken können, Höhlen zu zimmern oder schon dazu verlockt haben. Auf einer Fläche von 36 000 Hektar waren es 1 600 Großhöhlenbäume. Zur Förderung des Spechtes und seiner vielen Nachmieter gilt seitdem diese Parole: Bäume mit erkannten Großhöhlen werden nicht genutzt.
Damit nicht doch versehentlich die Motorsäge angesetzt wird, sind diese Bäume mit einem Spechtsymbol markiert. Sterben diese Giganten oder werden sie von Stürmen umgerissen, bleiben ihre Stümpfe und Reste im Wald als Totholz liegen – als Lebensgrundlage für Pilze, Insekten und viele andere Kleinlebewesen.

Weit über tausend Spechtbäume stehen zehn Jahre nach der Erfassung noch im Spessartwald. Jedes Spechtpaar braucht ein Revier in einer Größe von 250 Hektar, um satt zu werden und den Nachwuchs satt zu bekommen. Bringt man diese Zahlen in die richtige Relation, dann dürften mindestens 140 Schwarzspechtpaare im Spessart heimisch sein, also eine recht dichte Population und die Chance, den Symbolvogel des Naturparks zu sehen, garantiert aber bei einer Wanderung zu hören: sein lautes, glucksendes „Krü-krü-krü" im Flug, das bussardähnliche „Hiäh" und vor allem seine Trommelwirbel.

Experten haben gezählt, dass er mit 40 Schlägen in drei Sekunden aufs Holz hämmert, wenn er Mitspechten mitteilt, wo sich sein Revier befindet. Wesentlich langsamer klopft der Schwarzsprecht, wenn er Stamm oder Baumwurzel nach dort verborgenen Leckerbissen absucht. Krabbeltiere aus dem Holz sind seine Leibspeise, vor allem Rossameisen und deren Larven. Auch beim Höhlenbau pocht der Specht gemächlicher. Kein Wunder auch: Die Spähne, die er raushaut, verlangen konzentriertes Arbeiten.

Die vom Specht gehämmerten Höhlen locken viele Nachmieter an.

Die Trommler vom Forst

Rarität im Spechtland Spessart: Ein Grünspecht füttert die Brut.

Jedes Frühjahr wieder und stets vehement, später dann im Jahr dezenter: unüberhörbar wird im Spessartforst getrommelt, sind als gute Resonanzböden hohle und trockene Baumstämme oder Äste gefragt. Die Wirbel signalisieren, dass der Naturpark ein riesiges Spechtland ist und mit Recht die größte Spezies dieser Gattung in seinem Emblem führt – den Schwarzspecht.

Dieser Spessart-Wappenvogel hat schillernde Verwandte. Und nur an wenigen anderen, mit einer ähnlich bunten Natur wie der Spessart gesegneten Plätzen in Deutschland gibt es eine derartige Spechtdichte. Martin Schroth, profunder Kenner der Vogelwelt im Naturpark, zählt die einzelnen Arten auf: neben dem Schwarz- auch der Grün- und der Grauspecht, der wegen seiner kontrastreichen Gefiederfärbung durchaus als „Harlekin" des Spessartwaldes zu bewertende Buntspecht in seinen unterschiedlichen Größenformen, der aus der Art schlagende, weil nicht „hämmernde", sondern quäkende Mittelspecht und der nur sperlingsgroße Kleinspecht, ein ganz besonderer Trommler, der dreißig Schnabelhiebe in einer Sekunde auf hohles Holz schafft. Das verschwimmt zum Tremolo und für des Menschen Ohr zum Summton. Bis zum nächsten Wirbel braucht der Kleinspecht gerade mal fünf Sekunden Erholungspause.

Rar im Bereich des Naturparks und seines Vorlandes sind der Grünspecht, wie sein schwarzer Verwandter von einer auffälligen roten Kappe geprägt, und der nur vereinzelt zu beobachtende Grauspecht. Die rote Kopfzier hat hier nur das Männchen. Ausgewachsene Tiere sind bis zu 32 und 25 Zentimeter lang, brauchen große Reviere und haben eine gemeinsame Leibspeise: Ameisen, deren Larven und Eier. Schroth hat beobachtet, dass der Grünspecht armlange Höhlen in die Ameisenhaufen gräbt und die zur Verteidigung anrückenden Krieger dieser Krabbeltiere mit seiner klebrigen Zunge aus dem Bau fischt. Der Biologe tritt der Meinung entgegen, dass diese Spechte die für die Bekämpfung von

Schadinsekten in den Wäldern gern gesehenen und gehätschelten Roten Waldameisen nachhaltig schädigen. „Seit Jahrtausenden kommen diese Ameisen und diese Vögel miteinander aus."
Den Buntspecht nennen die Ornithologen einen „Meißelspecht": Er entrindet abgestorbene Stämme, angelt mit seiner klebrigen Zunge mit Widerhaken zum Beispiel Borkenkäferlarven aus ihren Gängen – räubert aber auch Singvogelbrut. Buntspechte schaffen es, Nistkästen aufzumeißeln, deren Schlupfloch für sie zu klein ist. Ornithologen haben sich immer wieder gefragt, warum Spechte die Nistkästen seitlich aufmeißeln und nicht das Flugloch erweitern. Die Antwort auf diese Frage: Sie gehen nach Gehör und brechen die Brutkammer anderer Vögel dort auf, wo der Nachwuchs fiepst, nämlich tief in der Höhle in Höhe des Nestrandes.
Wenn eigener Nachwuchs da ist, stillt der Buntspecht dessen Hunger vorwiegend mit Ameisen und deren Eiern. Im Winter klemmt dieser Harlekin Fichten- und Kiefernzapfen in Baumritzen und hämmert in dieser Spechtschmiede die Samen heraus.
Der Mittelspecht ist ähnlich schwarz-weiß-rot gezeichnet wie sein bunter Verwandter, etwa amselgroß, freilich sehr viel anspruchsvoller an sein Umfeld, urige Eichen-Wälder mit viel morschem Holz sind sein Revier. Und dort findet er auch seine Nahrung selbst tief in verfallenden Stämmen. Er kann seine Zunge bis auf vierfache Schnabellänge ausfahren, um Beute zu fischen.
Der Kleinspecht weidet in Wipfelhöhe der Bäume Blatt- und Rindenläuse ab, hat ebenfalls eine Vorliebe für Ameisen und deren Brut.
Eines eint alle Spessart-Spechte: Sie brauchen alte Bäume, „möglichst viel stehendes Totholz", so Martin Schroth, um hier ihre Höhlen zu zimmern, bisweilen auch noch Nahrungsdepots und zusätzliche Schlafzimmer. Wird ein Wald intensiv genutzt, werden alle Bäume gefällt, wenn sie hiebreif sind, geht es den Spechten schlecht. Gut gedeihen sie dort, wo alte Bäume stehen bleiben dürfen, absterben und langsam

verfallen. „Und dort, wo keine Insektizide benutzt werden“, so Schroth, der in diesem Zusammenhang darauf verweist, dass eine chemische Bekämpfung des periodisch zur Plage werdenden Maikäfers für die Spechte verhängnisvoll ist.
Wie viel Spechte es im Bereich des Naturparks gibt? Gründlich erforscht ist nur die Schwarzspecht-Population im Hochspessart. 140 Paare sollen hier leben. Die übrigen Arten sind nicht gezählt. Martin Schroth und die übrigen mit dieser Vogelfamilie befassten Ornithologen haben auf Sicht beobachtet und meinen: Der Bestand ist befriedigend und stabil, wobei das zum Kinzig-Auwaldbereich gehörende Naturschutzgebiet „Weideswiesen“ als beispielhaft gilt.
Einem nahen Verwandten der Spechte trauern die Ornithologen hingegen nach: dem Wendehals. In vielen Beziehungen baugleich mit den Trommlern des Waldes, auch mit einer langen und klebrigen Zunge ausgestattet und auf Ameisen und Blattläuse aus. Und mutig, wenn ihm Gefahr droht. Dann wendet er den Hals, plustert sich zum Ungeheuer auf, gurgelt, knallt und faucht, um den Feind zu verschrecken oder Zeit für die Flucht zu gewinnen. Da dieser Wendehals bevorzugt Streuobstwiesen besiedelt, dort alte Bäume mit Höhlen für seine Brut braucht, zu viele dieser Baummethusalems aber gefällt wurden, ist ihm der Lebensraum genommen worden. Schroth beklagt: „Ich habe schon lange keinen Wendehals mehr beobachten können.“

Gruseln im Mondschein

Wer kratzt da an meinem Häuschen? Sind es Hänsel und Gretel oder ein bei den Sieben Zwergen unerwarteter Gast? Im Spessartwald ist ja alles möglich – auch Märchenhaftes. In diesem Fall hat das Kratzen am Stamm der stattlichen Buche, das Klopfen auf sie mit einem dicken Knüppel rein wissenschaftlichen Wert. Der vielleicht in diesem Häuschen lebende Zigeuner soll mal rausschauen und damit seine Existenz beweisen.

Eine Szene im lichten Forst auf dem Hufeisen im Linsengericht. Raimer Thienhaus demonstriert, was ein seit 1974 bestehender Arbeitskreis von Ornithologen getan hat, um im Bereich des Naturparks einem Vogel, der zu den bedrohten Arten gehört, einen erträglichen Lebensraum zu bieten: dem Rauhfußkauz.

Seine Heimat sind große Wälder in den Mittelgebirgen. Nirgends ist er häufig, höchst selten (weil nacht- und dämmerungsaktiv) zu sehen und gilt als Zigeuner. In seinen großen Revieren taucht er mal hier, mal dort auf, wechselt häufig die Brutplätze.

Er ist aber vor allem im Orber Haseltal, im Jossgrund und im Sinntal im Spätherbst und während der Balzzeit im Spätwinter meistens schon bald nach Sonnenuntergang zu hören. Mit einer kurzen Strophe aneinander gereihter „Hu-hu-hu ...“.

Damit der von Mäusen, selten einmal von Kleinvögeln, häufig aber von Insekten lebende Kauz geortet werden kann, sind schon vor einem Vierteljahrhundert Raimer Thienhaus und seine Freunde aus dem Arbeitskreis mit so genannten Klangattrappen in den Spessart gezogen. Sie spielten dem Rauhfußkauz seinen Ruf vom Tonband vor, warteten dann gespannt auf die Antwort. Sie kam. Thienhaus heute: „Damals haben wir 78 Rufplätze festgestellt.“

Damals konnte der Arbeitskreis allerdings gerade mal zwei Rauhfußkauzbruten in dem riesigen Waldgebiet feststellen. Dieser also sehr, sehr selten gewordenen Eulenart musste dringend geholfen werden.

Am Buchenstamm unter der Nisthöhle kratzen und poltern: Raimer Thienhaus versucht auf dem Hufeisen, einen Rauhfußkauz zu bewegen, aus seiner von den Vogelschützern aufgehängten Wohnung zu schauen.

Der Rauhfußkauz schaut mit großen Augen nach, wer da draußen klopft.

Inzwischen hängen im Spessartwald 200 stabile Nisthöhlen für den Rauhfußkauz. Der Arbeitskreisleiter erinnert sich an viele Stunden Werkeln an diesen Nisthilfen in der eigenen Werkstatt, an emsiges Bemühen um Sponsoren. Dem Rauhfußkauz reichen keine der üblichen Vogelhäuschen. Seine Kunstwohnung muss ein Meter hoch sein, ist 30 Kilogramm schwer und muss so konstruiert sein, dass Marder nicht an die Brut gelangen können. Deshalb hat der auf dem Hufeisen präsentierte Nistkasten ein Blechkleid. „Es bietet Marderkrallen keinen Haltepunkt“, so Thienhaus.

Die Männer vom Arbeitskreis mussten auch noch einen Kraftakt vollbringen: beim Aufhängen der Nistkästen in bis zu sechs Meter Höhe an glatten Buchenstämmen. Die Rauhfußkauzwohnungen sind seinem üblichen Obdach nachempfunden: vom Schwarzspecht gehämmerte Höhlen in alten Bäumen. Vor einem Vierteljahrhundert waren diese Naturhöhlen rar. Weil dicke Bäume für die Waldbesitzer dickes Geld bringen, sind viele Oldies geerntet worden. Totholz wurde weggeräumt. Dazu kamen Stürme, die alte Bäume fällten. Inzwischen greift im Naturpark Hessischer Spessart ein spezielles Programm: Baumveteranen stehen unter besonderem Schutz, so genannte Höhlenbäume, die zuerst dem Specht und später dann dem Rauhfußkauz und vielen anderen Vogel- und Tierarten Nistmöglichkeiten und Unterschlupf bieten.

Jetzt kann Thienhaus resümieren: das Rauhfußkauzprogramm hat sich gelohnt. Im Jahr 1999 sind in den Nistkästen und in Naturhöhlen im Bereich des Naturparks 31 Brutpaare festgestellt worden. In den Jahren danach waren es dann wieder weniger. Das schreckt aber Thienhaus und seine Helfer nicht: Der Rauhfußkauz ist eben ein Zigeuner.

Präzise orten lässt er sich, wenn am Stamm des Baumes seines Nistkastens oder seiner Höhle gekratzt und gepoltert wird. Dann schaut der Kauz neugierig aus dem Flugloch. Vielleicht naht ein Marder?
Geschieht dies nicht, dann muss diese Nisthöhle nicht leer sein. Bei Kontrollen sind in den Rauhfußkauz-Kästen Bruten von Waldkauz und Dohle, von Hohltaube und Kleiber, von verschiedenen Meisenarten festgestellt worden, haben Waldbaumläufer unter dem Dach des Kunstbaus grazile Nester angelegt.
Der in Niedermittlau heimische Thienhaus, im Raum Gelnhausen in Sachen Vogelschutz eine Institution, sieht durch das Rauhfußkauz-Schutzprogramm seine Lebensarbeit gekrönt.
Jenen, die sich bei einem unheimlichen „Hu-hu-hu-hu ..." im Spätherbst oder Winter bei Vollmond gruseln möchten, verrät der 70-jährige eine ziemlich sichere Adresse, wo sie das tun können: Im Bad Orber Haseltal rufen Rauhfußkäuze regelmäßig.

Winzling als Cleverle

Kluge Augen, ein gesprenkeltes Federkleid und nur so groß wie ein Star: der Sperlingskauz, die kleinste heimische Eule.

Haben sich die Tiefkühlschrank-Erfinder mit fremden Federn geschmückt? Mit einem schelmischen Lächeln stellt Martin Hormann diese Frage. Denn schon bevor dieser Froster für Gastronomie und Haushalt auf den Markt kam, die Speisekarte der Menschen nahezu unendlich vervielfältigte, hat schon ein Cleverle eisige Temperaturen genutzt, um Fressbares über den natürlichen Verfallstermin hinaus genießbar zu halten. Der Kleinste aus der Familie der Eulen, der Sperlingskauz, gerade mal starengroß. Dieser räuberische Nachtvogel im Westentaschenformat ahnt instinktiv, wenn der dicke Winter kommt und jagt eifrig nach Beute, vorwiegend Mäuse und Kleinvögel, und transportiert sie in leere Spechthöhlen. Hier frieren die Beutetiere bei knackigen Minustemperaturen tief. Wenn dann Schnee und Eis das Kauzrevier zudecken, nur unzureichend Nahrung zu beschaffen ist, flattert das Cleverle zu einer der Depothöhlen, setzt sich auf seine Tiefkühlkost, taut sie mit der eigenen Körperwärme auf und hält Mahlzeit.

„Bis zu 100 Beutetiere wurden schon in diesen Tiefkühlzellen gezählt“, berichtet Martin Hormann. Er ist Ornithologe und Mitarbeiter der Staatlichen Vogelschutzwarte für Hessen, Rheinland-Pfalz und Saarland (VSW) mit Sitz in Fechenheim. Er kümmert sich in verschiedenen Artenschutzprojekten um die stark bedrohte Vogelwelt. Eine lohnende Aufgabe, denn von 175 im Zuständigkeitsbereich der VSW vorkommenden Arten sind die Hälfte in ihrem Bestand gefährdet. Darunter auch der Winzling aus der Eulenfamilie, nämlich der Sperlingskauz.

Beobachtungen im letzten Jahrzehnt haben dafür gesorgt, dass sich das Bild dieser Minieule verändert hat. Bis in die achtziger Jahre des letzten Jahrhunderts war es gängige Lesart: der Sperlingskauz ist nur in den höheren Mittelgebirgslagen ab 800 Meter daheim. Jetzt weiß man: Wo sein Lebensraum stimmt, es dichte Fichtenunterstände, von Specht gelöchertes Altholz und im

Wald Lichtungen mit Jagdmöglichkeiten gibt, siedelt „Glaucidium passerinum“, so die lateinische Bezeichnung der Art. Auch in tieferen Regionen bis hin zur nahezu topfebenen Lüneburger Heide kommt er vor.
Verbrieft ist es: 1993 wurde im Stadtwald Bad Orb, also in einer mittleren Mittelgebirgslage, dieser Spessartkauz erstmals oder erstmals wieder gehört und gesehen. Im selben Jahr hat ihn Hormann im Bereich der Breungeshainer Heide im benachbarten Vogelsberg herbeigepfiffen. „Er ist mir nach Lockrufen buchstäblich über den Kopf geflogen“, schildert der Mitarbeiter der Vogelschutzwarte. In der Folge sind bei Fachtagungen der Ornithologen Biologie und Ökologie des Kauzes sowie artenschutzgerechte Erfassungsmethodik vorgestellt worden.
Es blieb allerdings die Frage offen: Ist der Sperlingskauz in den Jahren davor in seinem Lebensraum nur überhört und übersehen worden oder wieder aus seinen Siedlungsgebieten in höheren Regionen und dem Osten eingewandert? Für diese These spricht, dass etliche Orkane für den kleinen Kauz in unserer Region neue Lebensräume geschaffen haben. Extreme Böen haben den Forst gelichtet, Freiflächen geschaffen und somit zusätzliche Nahrungsgebiete.
Der Ornithologe Karl Menning, Neu-Isenburg, hat inzwischen die Reviere des Sperlingskauzes auch im Bereich des Naturparks Hessischer Spessart erfasst. Gut ein Dutzend der in Hessen festgestellten rund 70 Brutpaare haben im heimischen Mittelgebirge ihre Heimat.
Ein wichtiges Biotop, um den Sperlingskauz zu orten: Er sucht die Nähe zu kleinen Gewässern. Der Winzling liebt nämlich die Reinlichkeit und badet häufig auch im Winter. Kein Wunder, denn beim Auftauen seiner Tiefkühlkost bleibt einiges am Gefieder kleben ...
Zum Brüten müssen es Buntspechthöhlen sein, da sie ein kleines Einflugloch haben. Derartige enge Wohnungen schützen die Brut der kleinen Eule vor dem Zugriff von Baummarder und Eichhörnchen, aber auch von Eulenverwandten, wie dem Raufußkauz und dem Waldkauz, die ihren Artgenossen zum Fressen gern haben.

Und wie erkennen die Ornithologen diesen interessanten Vogel im tiefen Nadelwald? Sie locken ihn mit seiner so genannten Klangattrappe und ahmen damit seine monoton wirkende Gesangsfolge nach. Dieses Erkennungsmittel muss allerdings sehr sparsam und sorgsam angewandt werden. Weil der kleine Kauz eben gut hörende, gefiederte Fressfeinde hat. Und sie gehen auf Beobachtungsposition, wenn irgendwo der Winzling selbst ruft.

Diese kleinste Eule Europas hat natürlich die artspezifischen klugen Augen, einen großen Kopf, ein gesprenkeltes Federkleid: dunkelbraun mit weißlichen Flecken. Dieser in der Roten Liste der bestandsgefährdeten Arten stehende Vogel bleibt das ganze Jahr über im Spessart und scheint sich zurzeit emsig zu vermehren. Hormann spricht in einer seiner wissenschaftlichen Veröffentlichungen von einer „zunehmenden Entwicklung“.

Piepmatz mit Unterwasserspoiler

Frühstarter in die schönere Jahreszeit: Die Wasseramsel beginnt schon im Januar oder zeitig im Februar mit Nestbau und Brut.

Für den Piepmatz mit dem Unterwasserspoiler beginnt die Saison, mag es auch draußen noch so kalt und unfreundlich sein. Die Wasseramsel gehört zu den Frühstartern in die freundlichere Jahreshälfte. Am Rande munter murmelnder Bäche und Flüsse schmettert sie ihr Lied, wenn erster wärmender Sonnenschein Frühlingsahnen ermöglicht. Und weil der besonderen Amsel Gesang „schmätzt“, heißt sie im Volksmund Wasserschmätzer. Oft schon Ende Januar oder Anfang Februar beginnt sie mit dem Nestbau und bald darauf mit der Brut.

Der auf der Roten Liste der bestandsgefährdeten Arten stehende Vogel profitiert im Bereich des Hessischen Spessarts von einem Schutzprogramm, das von der Vogelschutzgruppe in Hasselroth mit Unterstützung der Naturparkverwaltung auf den Weg gebracht wurde und erstaunliche Erfolge hatte.

Die Mannschaft um den Hobby-Ornithologen Raimer Thienhaus und den Naturpark-Verwaltungschef Matthias Schlote bringen Arbeitskraft und Sachverstand ein, um auch in diesem Bereich die Natur bunt zu halten. Die Bilanz des Sommers 2000: 48 Fließgewässer im Einzugsgebiet der Kinzig, die meisten mit Quellen im Bereich des Naturparks Hessischer Spessart, gelten als Wasseramsel-Biotope. Die Vögel brüten in Mauernischen an den Ufern, in Mühlengebäuden, in überhängenden Bäumen, unter Wurzeln. Darüber hinaus werden ihnen 332 künstliche Nistmöglichkeiten geboten. Dreieckige Nistkästen, die die gleichen Kriterien wie die Naturnester dieser Spezies erfüllen: Sie vermitteln den Eindruck, Platz für kugelige Wohnungen zu haben. Die von Menschen geschaffenen Nistmöglichkeiten werden regelmäßig auf Besatz überprüft. Eine von Raimer Thienhaus für den Sommer 2000 vorgelegte Bilanz: In 154 dieser Bruthöhlen zog die Wasseramsel Nachwuchs auf. Neunmal war der Zaunkönig eingezogen, 31-mal die Gebirgsstelze, die mit der Wasseramsel den Lebensraum teilt, und 15-mal Bachstelzen.

Matthias Schlote liest aus der Thienhaus-Statistik: „Seit zehn Jahren ist der Bestand nahezu konstant.“ Und sehr viel dichter als in den ersten Jahren der Wasseramselerfassung durch die Hobbyornithologen. Sie begann 1955 und wies im genannten Gebiet damals gerade mal 20 Brutpaare nach.

Viel mehr Wasseramseln können es im Bereich des Naturparks kaum werden. Denn dieser Vogel ist an die bewegten Bäche und Flüsse gebunden. Die Vogelkundler haben beobachtet, dass im heimischen Bereich ein Wasseramselpaar als sein Gebiet rund dreieinhalb Kilometer Fließgewässer beansprucht. Das spricht für den Nahrungsreichtum der heimischen Bäche. Vergleichende Untersuchungen an kristallklaren Gewässern im Gebirge ergaben: Hier braucht dieser Wasserschmätzer acht Kilometer Revier. Dort ist sein Tisch eben nicht so gut gedeckt.

Die Wasseramsel ist weltweit verbreitet. Ihr Federkleid variiert. Die deutsche Art, die so groß wie ein Star ist, hat untrügliche Kennzeichen: den weißen Brustlast, den kecken, oft gestelzten Schwanz, das Knicksen. Im Flug huscht sie knapp über die Wasserfläche, allen Kurven und Windungen folgend. Diese Amsel schwimmt, taucht, kann unter Wasser laufen und nutzt dabei die Flügel als Spoiler, um gegen die Strömung voranzukommen, den natürlichen Auftrieb zu bremsen. Und ist mit einer so genannten Nickhaut ausgestattet. Sie sorgt dafür, dass dieser Piepmatz sofort wieder klar sieht, wenn er aus dem Wasser auftaucht. Verschließbar sind auch die Nasenöffnungen der Wasseramsel.

Die Nahrungspalette dieses immer dann tüchtig knicksenden Vogels, wenn er aufgeregt ist: Kleinlebewesen aus den Gewässern vom Blutegel bis zum Bachflohkrebs, vor allem Köcherfliegenlarven, die er geschickt knackt und von Steinchen und anderen Fremdkörpern befreit. Dass dieser Vogel bisweilen auch Fischbrut nascht, fällt nach Ansicht der Ornithologen kaum ins Gewicht und beeinträchtigt die Ernte der Forellen- und Karpfenfarmer nicht wesentlich.

Die häufigen Tauchgänge im stets kühlen, im Winter sogar eisigen Wasser verkraftet dieser Wasserschmätzer dadurch, dass eine Drüse reichlich Schmierstoff für das Einfetten des Federkleides liefert. „Die Wasseramsel wird also im Wasser nicht nass, weil sie wasserdicht ist", erläutert Matthias Schlote.

Faszinierende Besonderheiten dieser Perle unter den heimischen Vogelarten: Tagsüber sind die Wasseramseln streitlustig, verteidigen vehement ihr Revier. In kalten Nächten kuscheln sich Freund und Feind zusammen und wärmen sich auf diese Weise in gemeinsamem Versteck gegenseitig. Angenommen werden mit Vorliebe Kunstnester, deren Ausflugsloch direkt über der Wasserfläche liegt. Werden die Jungvögel in ihrem Obdach von Feinden, zum Beispiel dem Iltis, gestört, dann lassen sie sich auch schon dann, wenn sie noch nicht flügge sind, ins Wasser plumpsen. Schwimmen und Tauchen können die Wasseramselkids schon in allerjüngster Kindheit.

Ihrem Revier bleibt die Wasseramsel das ganze Jahr treu. Im Winter taucht sie durch „Eislöcher", um unter dem Eis Nahrung zu suchen, oder siedelt an die großen Flüsse wie Rhein und Main um, wo sich an eisigen Tagen die Wasserschmätzer von den Bergbächen regelrecht ballen.

Schnell fließende Gewässer sind das ideale Biotop für die Wasseramsel.

Wodansboten sind wieder im Lande

Alles andere als Rabeneltern: Der im gut gepolsterten Nest ausgebrütete Kolkrabennachwuchs wird gefüttert.

Sie haben die drei Waldläufer im Buchenforst schnell entdeckt, krächzen in Wipfelhöhe im tiefen Bass „kurk" und „korrk", ein paar Mal auch „rab rab". Vielleicht sind diese Spessartwanderer in die Nähe des Nestes geraten? Vielleicht vermuten die beiden Boten Wodans, dass bald eine Büchse knallt, ein Stück Wild fällt, aufgebrochen wird und die Innereien als Leckerbissen für diese Könige am Himmel über den Spessarthöhen übrig bleiben? Rainer Loos, Forstbeamter im Sinntal, weiß: „Wenn bei einer Jagd der erste Schuss fällt, sind die da."

Die Kolkraben, höchst mystische Vögel stattlicher Größe: Von der Schnabel- bis zur Schwanzspitze werden sie gut 60 Zentimeter lang. Ihre Flügelspannweite beträgt über einen Meter. Der Naturfreund freut sich: Die heimgekehrten Kolkraben machen wie andere Rückkehrer, zum Beispiel Schwarzstorch und Wildkatze, die Fauna im Naturpark Spessart bunter. Wie viele es sind, weiß Loos nicht. Noch hat niemand ernsthaft nach ihren Nestern geforscht. Die rasanten Balzflüge im Frühjahr, ihr knarziges Rufen sind Beweise genug, dass sie einen angestammten Lebensraum wieder erobert haben.

Der Biologe Sascha Rösner aus Schröck in der Nähe von Marburg hat den Schicksalsweg dieses Aasfressers über fast ein Jahrhundert dokumentiert. Das Forschungsergebnis: Von 1912 bis 1978 galt der Kolkrabe in Hessen als ausgestorben. Warum? „Weil er neben Schädlingen aller Art und Aas auch kleines Haar- und Federwild vertilgt, hat ihm der Wildschütz leider erfolgreich den Krieg erklärt", lesen wir in einer Bestandsaufnahme von anno 1936.

ascha Rösners über das Internet abrufbaren Hessenkarten zeigen deutlich: Die Wodansboten kehren Paar für Paar von Norden und Osten nach Hessen zurück. Und auch die letzten Fleckchen Niemandsland, zum Beispiel der Main-Kinzig-Kreis und damit der Bereich des

Spessart-Naturparks, wurden in den letzten Jahren wieder besiedelt.
Kolkraben sind Weltbürger. Ihr Lebensraum reicht vom Nordkap bis zur Sahara. Sie plündern im Hohen Norden die Nester in Mövenkolonien, stochern in der Sahara im Kamelmist. Sie leben in Einehe, bauen in alten Bäumen derbe Nester, die sie warm und weich auspolstern. Die Brut beginnt früh. Eier und Jungvögel müssen deshalb mit viel Isoliermaterial gegen späte Fröste geschützt werden. Die Nahrung: hin und wieder Mal ein vegetarischer Happen, zumeist aber das, was die einzelnen Jahreszeiten an Eiweiß bieten. Diese Kolkraben haben, nachdem die Jagd auf sie nicht mehr erlaubt ist, nur noch einen natürlichen Feind: den Uhu. Dieser „Corvus corax", wie ihn die Ornithologen nennen, hat ein bis in unsere Tage emsig gepflegtes schlechtes Image. Ihm wird die Tötung frisch geborener Lämmer nachgesagt, der Raub von Küken und jungen Enten. Und den im Herbst und Winter in Gruppen vagabundierenden Vögeln sogar Überfälle auf Viehherden, die draußen gehalten werden. 1995 ging die Nachricht durch die Lande: Schwarze Schwärme wie weiland in Hitchcocks Krusel-Krimi „Die Vögel" zögen in dem von rund 10 000 Kolkraben besiedelten Mecklenburg-Vorpommern übers Land und hackten Vieh zu Tode. Zur Ehrenrettung der Kolkraben haben sich Wissenschaftler der Universität Potsdam auf die Lauer gelegt und per Videoaufnahmen dokumentiert: „Eine massive Aggression kam niemals vor." Allerdings, weil diese Großraben verspielt sind, kneifen die Tiere die Kälber bisweilen, ziehen sie am Schwanz. Die von den Forschern eingeräumte Möglichkeit: „Nur ein Kalb, das schon sehr schwach ist und von der Mutter nicht beachtet wird, kann durch das dauernde Picken schließlich ernsthaft verletzt werden und sterben."
Also auch eine Gefahr für frei gehaltene Nutztiere im Spessart? Die Ornithologen schließen das aus – weil eben die Population hierzulande klein ist, sich keine Banden bilden und die vorhandenen Vögel ausreichend natürliche Nahrung finden.

Und vielleicht finden einzelne Exemplare auch wieder so engen Anschluss an den Menschen, wie es auf den Dörfern einst war, wo auf kaum einem Hof der Rabe fehlte. Junge Kolkraben sind bildungsfähig und bleiben anhänglich, auch wenn ihnen der Mensch Freiflug gewährt. Die Tiere lernen die menschliche Sprache täuschend echt nachzuahmen und sind sogar bereit, ihren Pfleger zu verteidigen. Allerdings: Der „Corvus corax" ist von Natur aus ein „Langschnabel", schnappt sich gern all das, was schimmert, glitzert und versteckt diese Beute.

Die Mythologie räumt diesem Rückkehrer einen hohen Rang ein und unterstreicht: Der Mensch hatte von jeher dem Kolkraben und seinen kleineren Verwandten gegenüber ein gespaltenes Verhältniss. Zwei der großen Raben des Namens Hugin und Munin überbrachten die Botschaften des Germanengottes Wodan. Diese im Aberglauben „schwarzen Gelichter" galten in unaufgeklärter Zeit als Unglücksboten. Als Aasfresser lauerten sie in fernen Zeiten dort, wo der Henker sein Halsgericht vollzog. Und sollen auch mit ihren weithin schallenden Rufen vor schlimmen Wettern warnen.

Im Sinntal-Forst haben die drei von den Kolkraben umkreisten Waldläufer an all das nicht gedacht und sich nur darüber gefreut, dass die Natur im Spessart wieder nach langer Pause um einen bunten Tupfen reicher geworden ist.

Rarität auf Sinntalwiesen

Im Sinntal watet was, stapft durch feuchte Wiesen, lauert am Rand des Flüsschens, an Tümpeln auf Beute. Eine Rarität, die Rainer Loos seit einem guten Jahrzehnt beglückt. Der ein wenig kleinere Verwandte des viel bewunderten und als Glücksbringer gefeierten Weißstorchs ist in den Spessart zurückgekehrt: der höchst sensible Schwarzstorch. Es zahlen sich also die auch in diesem Bereich praktizierten Biotopverbesserungen aus. Hier sind neue Amphibientümpel entstanden, Bäche renaturiert worden. Nur eines stört noch die Wohlfahrt dieses stark gefährdeten, also auf der Roten Liste stehenden Vogels: neugierige oder zufällig während der Brutzeit in die Nähe des Horstbaums kommende Menschen. Rainer Loos, Forstbeamter im Staatsforstamt Sinntal: „300 Meter Distanz zum Nest müssen schon eingehalten werden, sonst wird die Brut gefährdet.“

Eine Rarität: der Schwarzstorch

Im Herbst und Winter darf die Distanz unterschritten werden, wenn zum Beispiel eine wissenschaftliche Schwarzstorch-Horstrevision fällig ist, diesmal durch den Biologiestudenten Klaus Isselbächer. Das Thema seiner Diplomarbeit: der Lebensraum dieses Waldstorches. Isselbächer hat schon im Vogelsberg und in der Rhön in dichten Waldgebieten Maß genommen, in der Eifel, im Westerwald und im Hunsrück. 40 Horste hat er fotografiert, vermessen, das nähere und weitere Umfeld untersucht. In den Naturpark-Spessartwäldern beidseits der Sinn findet der Student wohlwollende Unterstützung durch Loos und seinen Förster-Kollegen. Sie wissen, wo diese Rarität im letzten Sommer Quartier bezogen hatte. Weil dieser Storch erst Ende März/Anfang April aus seinem Winterquartier vermutlich im südlichen Afrika heimkehrt, ist ein schöner Spätwintertag ideal für die Forschung vor Ort.

Der etwas größere Verwandte des Schwarzstorchs: Glücksbringer Weißstorch

Isselbächer notiert über die Nistbäume: uralte Buchen und Eichen mit verzweigter Krone, markanten Seitenästen. Die braucht der Schwarzstorch für seinen großen, plumpen Horst. Aber auch freie Anflugmög-

Schwarzstorch-Horstrevision: Rainer Loos und der mit Fähnchen, Maßband und Kamera gekommene Klaus Isselbächer vor Ort am Rande des Sinntals.

lichkeiten, möglichst nahebei noch Altholz, um hier aufzubaumen. Markante Daten: Die Nistbäume ragen alle gut 30 Meter in den Himmel. Die Nester sind zwischen 23 und 26 Meter über dem Boden gebaut.

Der angehende Biologe wird im stillen Kämmerlein die Daten aller Nester vergleichen, den idealen Lebensraum für diese Art entschlüsseln und verspricht Rainer Loos Ratschläge, wie man eventuell im Sinntal durch Eingriffe in die Horstbäume oder sogar künstliche Niststätten helfen kann, dass diese Großvogelart wieder häufiger wird.

Dieser Schwarzstorch war einst jagdbares Wild und galt dem Menschen als Nahrungskonkurrent, weil er als Fischer auf Tour ging. In einem Vogelbuch von anno 1936 ist zu lesen: „Durch unsinnige Verfolgung gehen die Bestände stark zurück.“ Und schon damals wurde die Forderung laut, „dieses Naturdenkmal in deutschen Landen zu schonen“.

Viele Jahrzehnte hat es gedauert, bis sich der Sinneswandel vollzog, der Jagddruck auf den vermeintlichen Fressfeind Schwarzstorch beendet wurde. Die Natur hat das belohnt. Von Rainer Loos erfahren wir, dass 1990 erstmals wieder Schwarzstörche im Gebiet des Naturparks geortet wurden. Seitdem sind einzelne Paare regelmäßig Sommergäste im Land beidseits der Sinn. Die paar Forellen oder Weißfische, die sie sich aus den Gewässern holen, ärgert heute kaum jemand mehr, zumal der Schwarzstorch gar nicht mehr auf diese Art Nahrung angewiesen ist. Er lässt sich ebenso gern Amphibien schmecken. Und die sind dank neuer Feuchtbiotope, für die auch der in diesem Bereich wieder angesiedelte Biber unermüdlich werkelt, sehr viel häufiger geworden. Der typische Lebensraum des Schwarzstorches: stille Wälder mit alten Bäumen in der Nähe von Gewässern.

Und woher kommen die Spessart-Schwarzstörche? Da diese empfindlichen Tiere nicht beringt werden können, gibt es nur Spekulationen. „Sicher aus dem Osten“, glaubt Rainer Loos, aus für sie idealen Lebensräumen in Polen und den baltischen Staaten, wo es mehr Schwarz- als Weißstörche gibt, dank guter Lebensbedingungen viele Jungtiere aus den Eiern schlüpfen und später dann auf der Suche nach eigenen Revieren gen Westen driften.
Bisweilen kommt dieser scheue Vogel den Menschen recht nahe. Rainer Loos hat ihn schon an einem Sinn-Nebenbach jagen gesehen, übrigens in unmittelbarer Nähe eines Weißstorches. Auf ein solches Erlebnis müssen Schwarzstorchfreunde geduldig hoffen. Und verinnerlichen: An die Nistbäume heranzuschleichen, gefährdet eine der Besonderheiten der reichen Fauna des Naturparks. Rainer Loos: „Wir müssen kompromissbereit sein. Wir können nicht alles auf derselben Fläche zur selben Zeit haben, also sehr seltene und schutzbedürftige Tiere und Freizeitaktivitäten der Menschen.“ Deshalb wird in den Schwarzstorchrevieren Besucherlenkung versucht, appellieren Hinweistafeln an den Verstand der Waldläufer.
Klaus Isselbächer hat eines schon festgestellt: Es gibt Schwarzstorchhorste, die nur hundert Meter und noch weniger von stark befahrenen Straßen entfernt gebaut wurden. Die vorbeirasenden Autos stören den Storch nicht. Wohl aber der in viel größerer Distanz auftauchende Mensch.

Flüchtlinge und Ausreißer

Auf Wacht am Main und das Fernglas immer griffbereit: Wasservogelbeobachter Gerhard Löb.

Bei diesen „Paradiesvögeln“ schaut Gerhard Löb besonders lange hin: Das Outfit des Erpels ist schillernd bunt, seine Federn während der Balzzeit keck geschwungen. Der Hobbyornithologe aus dem Hanauer Stadtteil Steinheim hat Ausreißer im Visier. Mandarinenten, eigentlich in Fernost heimisch, hierzulande sicher irgendwo aus eines Federviehfreundes Zucht ausgebüchst und nun auf dem Hauptstrom des Main-Kinzig-Kreises, dem Main, als Wildlinge zu Hause. Eine andere zufällige Beobachtung: Nilgänse, die in ihrer hessischen Wahlheimat sogar schon gebrütet und dem offiziellen Wasservogelbeobachter am Main schon Küken präsentiert haben.

Dieser frühere kaufmännische Abteilungsleiter bei der Dunlop in Hanau und jetzige Rentner zählt, wie auch etliche seiner Kollegen weiter östlich an den größeren Wasserflächen am Rande des Naturparks Hessischer Spessart, als Mitarbeiter der Hessischen Gesellschaft für Ornithologie und Naturschutz die Wasservögel an ihren so genannten Trittsteinen, also den Rastplätzen während der Vogelzüge.

Löbs Revier: der Fluss zwischen der Klein-Auheimer Brücke und der Gemarkungsgrenze Mühlheim. Die hohe Zeit für seine Wacht am Main: die Wintermonate. Sein Werkzeug und auch das seiner beiden Helfer: Strichliste und ein gutes Fernglas.

Munter wird es auf dem Main und auch auf den Seen im Kinzigtal, wenn im Osten der Republik, zum Beispiel in Mecklenburg die Seen zufrieren, die Gefiederten nach Westen auf offene Wasserflächen ausweichen oder wenn über der Nordsee Stürme toben und Möven gen Süden verweht werden. Weil es nicht in jedem Winter eisig kalt ist oder heftige Winde peitschen, registriert Löb ein Auf und Ab der Zahl der Wasservögel, im Durchschnitt seiner 30-jährigen Beobachter-Tätigkeit aber einen „artenreicheren und größer gewordenen Bestand“.

Als Überwinterer am Strom bekommt Löb ins Blickfeld: Hauben- und Zwergtaucher, Höckerschwäne, reichlich Stockenten, Tafelenten, die den strömungsfreien Hanauer Main-Hafen als Rastplatz lieben, Teichralle, Blässhuhn, einzelne Graugänse, etliche Zwerg- und Gänsesäger, bisweilen auch Schellenten. Bis weit ins Binnenland verdriften Silber-, Sturm und Heringsmöven.
Als Brutgebiet ist trotz der zunehmend naturfreundlichen Verbuschung seiner Uferregion der Main nicht so interessant. Heimisch sind hier – neben den schon erwähnten Ausreißern – etliche Stockenten, Teichrallen und Blässhühner. Und die am Flussufer nach Nahrung äugenden Kormorane. Löb meint: „Dieser Fischräuber ist in unserer Region kein Problemvogel, denn der frisst den Main nicht leer.“ Trotz der sehr viel besser gewordenen Wasserqualität sind auch heute noch Weißfische aus diesem Fluss keine Leckerbissen für menschliche Fisch-Fans, also dem Kormoran leichten Herzens gegönnt. Deshalb sind auch die Graureiher, deren Kolonie im Wildpark Alte Fasanerie in Klein-Auheim auf fast 40 Brutpaare gewachsen ist, keine Nahrungskonkurrenz für den Menschen, wenn sich diese Vögel das eine oder andere Schuppentier aus dem Main holen.
Positiv wirkt sich in der Sicht dieses Wasservogelbeobachters aus, dass über den Rhein die so genannte Wandermuschel in den Main zurückgekehrt ist und eine Nahrungsgrundlage für die auf dem Fluss zu beobachtenden Enten bietet. Weniger bekömmlich scheint der sauberer gewordene Fluss hingegen für die Teichrallen und die Blässhühner. Löb: „Die sitzen ja auch auf Puhl-Kauten.“ Beide Arten, die eutrophiertes, also überdüngtes und damit krautreiches Wasser lieben, werden am Main seltener. Parallel dazu wurden auch die im Kraut laichenden Weißfische in diesem Fluss spärlicher, nehmen die Schuppentiere zu, die auf dem häufiger gewordenen, kiesigen Untergrund und an den am Ufer aufgeschütteten Steinen ihre Eier legen. Es bleibt gute Hoffnung, dass der zum Beispiel im Flussgebiet

der Kinzig wieder heimisch gemachte Lachs sich auch mit dem Main anfreundet.

All das, was Wasservogelbeobachter wie Löb in Hessen auflisten, wird in Offenbach gesammelt, später dann in Wesel am Niederrhein für Deutschland koordiniert und schließlich in England europaweit ausgewertet, um die Entwicklung der Wasservogelpopulation auf breiter Ebene im Blick zu behalten.

Viel bewunderte Gäste aus dem Kreis der Wasservögel: Am Rodenbacher Badesee haben Kanada-Gänse gebrütet und drei Junge großgezogen.

Die großen, künstlich geschaffenen Seen im Kinzigtal hat der Hobbyornithologe Reiner Georg aus Rodenbach im Visier. Der Handelsvertreter für Backzubehör führt seine Strichlisten am Kinzig- und Ruhlsee, weiß auch über den Wasservogelbestand auf dem Stausee Ahl Bescheid: ein breites Spektrum von Gefiederten. Dazu gehört fast die komplette, höchst bunte, heimische Familie der Schnattertiere, natürlich reichlich Stockenten, aber auch Tafel- und Reiher-, Pfeif- und Knäk-, Schnatter- und Krick-, Löffel-, Schell- und Spießenten. Aufgelistet hat Georg Zwerg- und Gänsesäger, Hauben- und Zwergtaucher, die die drei großen Seen ebenso als Brutgebiet nutzen wie einzelne Graugänse, durchziehende Saat-, Rost- und Brandgänse. Er konnte im Frühjahr 2002 eine Besonderheit vermerken: Kanadagänse haben am Rodenbacher Badesee gebrütet und den ersten Badegästen ihre drei Jungen vorgeführt. Georg hat Höckerschwäne beobachtet, Uferschnepfen gesehen, Flussregenpfeifer, Flussuferläufer, Gefiederte aus der Familie der Wasserläufer und zur Herbstzeit den Fischadler über den Seen kreisen und jagen gesehen.

Georg weiß auch zu berichten, dass der Ahler Stausee ein besonderes Revier für Gänse- und Mittelsäger ist und Hochwasserwellen der Kinzig scheinbar weithin eine besondere Faszination für die im Winterhalbjahr auf der Suche nach freien Gewässern umherziehenden Wasservögel ausüben. „Wenn das Kinzigtal zu einem riesigen See wird, sind Unmengen da und nicht mehr zählbar.“

Krummschnabel darf nicht sterben

„Da geht mir das Herz auf“: Mit schlichten Worten beschreibt ein Wissenschaftler seine Emotionen. Sie gelten einem in seinen Augen „wunderschönen Tier“, das hoch am Himmel seine Kreise zieht, die Thermik nutzt und dort eine Überlebens-Chance haben soll, wo sich am Rande des Naturparks Hessischer Spessart die vom Menschen geschaffene Kulturlandschaft erstreckt: dem Rotmilan.

Ein höchst eleganter Krummschnabel, mächtig, wenn er segelt und seine Flügelspannweite von 1,60 Meter nutzt, und doch eigentlich ein Leichtgewicht. Mit Schnabel, Krallen und allen Federn bringen es die Männchen auf nicht einmal ein Kilogramm Gesamtmasse. Die Weibchen sind um gut 100 Gramm gewichtiger. Dieser Raubvogel kann also schon von seinem Gewicht her kein schlimmer Räuber sein. Gewiss nimmt er gelegentlich Kleinsäuger, Vögel und Fische auf. Viel Nahrung findet er aber auch auf Straßen und nach der Ernte auf abgemähten Wiesen und Feldern: durch Verkehr und Mähbalken umgekommenes Getier. Und auf den Müllkippen.

Der zentrale Abfallplatz im Kinzigtal ist schon über Jahre die Kippe Hailer. Nebenan liegt Großenhausen. Hier wohnt der Biologe Dr. Christof Schenck, besagter Wissenschaftler, dessen stille Liebe diesem Rotmilan gilt, weil er ihn häufig bei der Nahrungssuche auf dem Müllplatz im Blick hat. Der gebürtige Freiburger mit schwäbischem Akzent arbeitet seit zwölf Jahren für die Zoologische Gesellschaft in Frankfurt und ist seit 2000 deren Geschäftsführer. Ihre zentrale Aufgabe: Hilfe für die bedrohte Tierwelt. Dr. Schenck: „Wir verstehen uns als Grzimeks Erben“, also als Nachfolger des legendären Frankfurter Zoodirektors, ein eindringlicher Naturschützer nicht nur der afrikanischen Tierwelt („Serengeti darf nicht sterben“), sondern auch hierzulande in seinen Fernsehsendungen ein Apostel des rücksichtsvollen Umgangs mit der Natur.

Ein faszinierender Krummschnabel, der im Naturpark Hessischer Spessart überleben soll: der Rotmilan, wie ihn der Naturschutzbund Deutschland (NABU) im Jahr 2000 als Vogel des Jahres vorstellte.

Weltweit verfolgt nach den Angaben von Dr. Schenck die Zoologische Gesellschaft in 33 Ländern 84 Schutzprojekte, darunter einige in Deutschland. Das Spektrum reicht hier von den Streuobstwiesen bis hin zu den Reptilien. Und mittendrin der Rotmilan, Deutschlands Vogel des Jahres 2000 und ein sehr deutscher Krummschnabel. Von den rund 20 000 Brutpaaren der Rotmilane, die weltweit gezählt werden, leben zwischen 9 000 und 12 000 in Deutschland. Hier sind die neuen Länder Siedlungsschwerpunkt.
Dieser Greifvogel, der als Aasfresser Gesundheitsaufseheraufgaben in der freien Natur übernimmt, ist ein Kulturfolger: In seinem wichtigsten Siedlungsgebiet fand er erst die für ihn überlebensnotwendigen freien Flächen, als der Mensch begann, die Wälder zu roden. Im 21. Jahrhundert sind die Wälder heiliges Gut, nahezu unberührbar und decken mit konstant 33 Prozent die deutsche Fläche. Permanent angetastet wird hingegen das Jagdgebiet des Rotmilans: eben die freie Fläche. Immer mehr Boden wird durch Bebauung und Verkehrswege versiegelt. Und auch die schnelle Bearbeitung von Feldern, reichlich einförmige und artenarme Raps- und Maisäcker, der Einsatz von Pflanzenschutzmitteln nimmt dem Rotmilan Lebenschancen. Dazu kommt noch ein anderes Dilemma: Als Zugvogel, der vorwiegend in Frankreich, Spanien und Portugal überwintert, gerät er vor die Flinten dortiger Vogeljäger und wird auch mit Giftködern dezimiert. Der fatale Irrglaube im südlichen Europa: Dieser Krummschnabel reduziere zum Schaden der Jäger das Niederwild, ist also für die Wildschützen Nahrungskonkurrent.

Beim Schutz für diese bedrohte Vogelart setzt die Zoologische Gesellschaft Frankfurt am Lebensraum des Rotmilans an. Dr. Christof Schenck schildert, wie das im Kinzigtal geschehen kann. Im offenen Land sollen die Grundbesitzer für eine extensive Weidewirtschaft gewonnen werden, für ökologische Anbaumethoden, für weitgehenden Verzicht auf Pflanzenschutzmittel und mineralische Dünger. Das Landschaftsbild soll bunt bleiben, also weiterhin von Baumreihen, Feldgehölzen und Einzelbäumen geprägt sein. Zum Schutz des Rotmilans, aber auch vieler anderer Tier- und Pflanzenarten, soll im Kinzigtal auf weitere Entwässerungsmaßnahmen verzichtet, sollen kanalisierte Gewässer renaturiert werden.
In kleinen Schritten wird dieses Konzept im unteren Kinzigtal und im Dreieck Erlensee – Rodenbach – Langenselbold realisiert; mit weithin gefeiertem, beachtlichem Erfolg: Der Weißstorch ist zurückgekehrt. Auf ihn richten sich des Sommers viele Blicke. Wer im zeitigen Frühjahr Ausschau nach Meister Adebar hält, sollte eine Etage höher blicken zu den Balzflügen der in dieser Zeit durch ein gedehntes Trillern auch akustisch vernehmbaren Rotmilane, die der Volksmund Gabelweihe nennt, die mit den Bussarden und sogar Adlern verwandt sind, eben wunderschöne Tiere. Auf Grund ihres langen, rostroten und stark gegabelten Schwanzes können sie deutlich von den anderen heimischen Greifen unterschieden werden.

Die Jungfer hat ihn sehr entzückt

Frank Mittenzwei und seine Entdeckung am Saalbach in der Gemarkung Bieber: die Gestreifte Quelljungfer.

Die Jungfer hat ihn sehr entzückt, ihr graziler, lang gestreckter Leib, die gelben Ringe um ihren Körper, die hauchzarten Flügel. Und dann noch das Wissen darum, dass eine derartige Jungfer in Mitteleuropa nur an wenigen Stellen zu finden ist, sie zu den bedrohten Arten gehört. Fundort: der Saalbach, ein zumeist beschattetes Minigewässer, das in Richtung Bieber tröpfelt und gluckert.
Entdecker ist der in der Biebergrundgemeinde Bieber beheimatete Tierarzt Dr. Frank Mittenzwei, Fachveterinär für Kleintiere und Exoten, durch umfassendes Wissen und allerlei Vorträge als Experte für Libellen ausgewiesen. Sie sind ein wichtiger Bestandteil der Flora im Bereich des Naturparks Spessart und je nach Art vom späten Frühjahr bis in den November hinein hierzulande auf Beutefang.
Die Entdeckung des Frank Mittenzwei am Saalbach: die auf ein höchst spezielles Biotop, eben beschattete Rinnsale, angewiesene Gestreifte Quelljungfer.
Wie kommt ein Tierarzt zur Gattung der Urflügler oder Schein-Netzflügler (Archiptera)? Durch die Mittagspause während seiner Assistentenzeit häufig an einem Gewässer, berichtet uns der 39-Jährige. Hier „zündete“ das Interesse von Frank Mittenzwei an Reptilien und Libellen. Die ihn unvermindert reizende Aufgabe: die höchst flüchtigen und bei ihrer Beutejagd zick-zackenden Schein-Netzflügler zu fotografieren. Das verlangt Geduld, verschafft Zeit, um die Arten unterscheiden zu lernen, Lebensräume zu erkennen, typisches Verhalten.
Der Lebensraum: je nach Spezies munter sprudelnde oder stille Gewässer mit krautigen oder sandigen Ufern. Männchen bewachen hier ihre Reviere. Weibchen fliegen ihnen zu. Im Wasser wachsen die „Kinder“ heran, die wie die Eltern Jäger sind. Die Beute: Insekten jeder Art. Der Entwicklungszyklus von der Eiablage bis zur fertigen Libelle dauerte bei der Gestreiften Quelljungfer zum Beispiel drei bis fünf

Jahre. Spannend sind die Stunden, wenn das fertige Tier aus der engen Puppe schlüpft. Bis seine Flügel getrocknet und damit fest sind, der Kreislauf im Lot ist, dauert es. Wehe, wenn dann Regen fällt. Schnell ist der Flugapparat der noch weichen Libelle verbeult, das Tier nicht mehr lebensfähig, schildert Frank Mittenzwei die Entwicklung der Schein-Netzflügler.

Der Tierarzt aus Bieber kann auf Grund seiner Fachkenntnis bewerten, was für die Libellen gut oder schlecht ist. In dem von ihm überschauten Raum haben es die besonders imposanten Blauflügel- oder gebänderten Prachtlibellen schwer, weil sich durch eine Fischzucht an der Bieber offensichtlich ihr Biotop verschlechtert hat. Andererseits spricht die Gestreifte Quelljungfer dafür, dass die Artenvielfalt wieder wächst.

Vielleicht ist das eine Folge der vielfach in Privatgärten angelegten Teiche und der in vielen Gemarkungen im Main-Kinzig-Kreis neu geschaffenen Feuchtbiotope. „Sind die Teiche biologisch korrekt angelegt, dann werden sie schnell besiedelt, dann kommen die Wasserläufer, die Libellen, Erdkröte und Grasfrosch", schildert der Experte.

Biologisch korrekt bedeutet, dass der Teich nicht mit Goldfischen oder teuer erworbenen Koi-Karpfen besetzt wird. In deren „Fressbereich" kann keine Libellenbrut gedeihen. Moderlieschen und Bitterlinge schaden den hierzulande an derartigen Minigewässern besonders häufigen Schein-Netzflüglern wie Plattbauch, Pechlibelle und Azurjungfer nicht.

Auch nach nunmehr einem Jahrzehnt Libellenbeobachtung ist Frank Mittenzwei unverändert von den diversen Jungfern und ihren Artverwandten fasziniert: von ihrem grazilen Köperbau, ihrer Größe und ihrer unermüdlichen Jagdleidenschaft. Die eventuell im Gartenteich heranwachsenden Stechmücken werden von den Libellenlarven und den ausgewachsenen Tieren mit Eifer gefuttert. Also: Der Gartenteich muss kein Schnakenloch sein. Ist er ökologisch im Gleichgewicht, sorgen die Libellen für moderate Blutsaugerbestände.

Quetschekuche liefert Sprit

Tolerabler Schlupfwinkel für ein Wespenvolk: Es hat in einem Nistkasten gebaut. Wenn dem so ist, rät Martin Hallmen zur Geduld. Im Herbst stirbt auch dieses Volk ab.

Was will die Wespe, die emsig Insekten jagt, also in der landläufigen Meinung als Fleischfresser eingeordnet ist, auf dem garantiert vegetarischen Zwetschenkuchen, den man hierzulande Quetschekuche nennt? Sie tankt, „holt sich Betriebsstoff fürs Fliegen", wie es Martin Hallmen populärwissenschaftlich formuliert. Sprit liefert den Wespenflügeln also Süßkram jeder Art, vom Eis bis zum Bier und eben der mit Zwetschen gekrönte Hefekuchen.

Wer genau hinschaut, kann, wenn zum Beispiel Schinken auf dem Frühstückstisch liegt, beobachten, wie hier eine Wespe landet und ein paar Quadratmillimeter absäbelt und die Beute in ihr Nest schleppt – als Nahrung für den Nachwuchs, der eben mit Eiweißreichem gepäppelt wird, weil die Larven Fleischfresser sind, klärt der Experte auf.

Das und vieles mehr weiß mit Martin Hallmen ein Fachmann zu berichten, dessen weites Revier die Bienen, auch in ihrer wilden Form, die Wespen, die Hummeln und die Hornissen bilden. Er ist Biologie-Lehrer am Franziskaner Gymnasium in Großkrotzenburg und in Rückingen zu Hause. Er hat in seiner Examensarbeit neue Erkenntnisse über das Leben der Honigbienen zusammengefasst, in den letzten Jahren viel über sein Spezialgebiet publiziert, leitet an seiner Schule eine Bienen-Arbeitsgemeinschaft und ist den Hoch- und Spätsommer über Helfer für Menschen in vermeintlicher Not: nämlich der Wespen- und Hornissenbeauftragte des Main-Kinzig-Kreises. Das heißt: Hallmen muss bewerten, ob ein Wespen- oder Hornissennest im Rolladenkasten oder unterm Dach eine akute Gefahr für Menschen darstellt.

Wespen und Hornissen sind anhaltend Schreckgespenster für zarte Seelen. „Wenn sie das Nest entdeckt haben, das Volk gewachsen ist, rufen mich die Leute oft hysterisch an, fordern die sofortige Beseitigung, bangen um Leib und Leben", schildert der Beauftragte. Hallmen hat die Erfahrung gemacht, dass in vielen Fällen sich die Probleme schon durch ein aufklärendes Telefongespräch lösen lassen: Wenn die vermeintlichen Biester in eine Gartenhütte oder einen Nistkasten eingezogen sind, sollte man sie lassen – je fortgeschrittener der Sommer ist, umso eher. Denn im Herbst löst sich das Problem von selbst, die Völker sterben ab, erlöschen also.

Wenn sich die gelbbraunen „Giftspritzen“ in einem direkten Wohnbereich eingenistet haben, dann berät Hallmen vor Ort und entscheidet, wie man das Volk umsiedeln kann oder abtöten muss, „das allerdings allerletzte Mittel in besonders schwierigen Fällen“.

Umgesiedelt wird stets nachts, wenn fast alle Tiere im Nest sind. Hallmen trägt dann Ganzkörperschutzkleidung, schneidet das Nest mit einem Messer heraus und packt es in eine Kiste mit Flugloch. Diese Kiste wird in freier Landschaft aufgestellt. Das garantiert, dass das umgesiedelte Volk weiterleben kann.

Zu viel Aufwand für lästige Insekten? Mitnichten. Die Umsiedlung von Hornissen und geschützten Wespenarten ist genehmigungspflichtig. Für das Ja-Wort ist die Untere Naturschutzbehörde verantwortlich, weil die Bestände laut Hallmen „zum Nachteil des ökologischen Gleichgewichtes“ rückläufig sind. Die Gründe hierfür: Die Landschaft wurde umstrukturiert, alte Obstbäume sind umgesägt worden, damit Nistmöglichkeiten auch für diese Tiere entfallen. Bei der Landnutzung eingesetzte Schädlingsbekämpfungsmittel schaden diesen Nützlingen, ebenso die wilde Verfolgung durch tollkühne Leute, die gar nicht wissen, in welche Gefahr sie sich begeben, wenn sie zum Beispiel ein Nest ausräuchern wollen. Hallmen stellt fest: „Greift mich ein Wespenvolk an, dann kann es mich umbringen.“

Der Rat des Experten: diesen eifrigen Insektenjägern auch mal den Sprit vom Quetschekuche gönnen, die Mini-Schinkenscheibe für das Füttern des Nachwuchses, das Nest an ungefährlicher Stelle tolerieren.

Welchen Stellenwert haben diese Insekten für Fauna und Flora im Bereich des Naturparks Spessart? Nur das ist sicher: Auf diesem Feld ist noch viel zu forschen.

Hier platzt der Nistkasten aus allen Nähten, denn es kann auch einmal ein Hornissenstaat einziehen.

Genaue Zahlen gibt es nur nach Untersuchungen am Berger Hang, Streuobstbeständen am westlichen Rand des Main-Kinzig-Kreises. Hier wurden von den 500 in Mitteleuropa nachgewiesenen Arten von Wildbienen 140 gezählt, von den 30 bekannten Hummelarten immerhin die Hälfte. Wespen aus der Familie der Sozialen Faltenwespen gibt es hierzulande neun Arten, informiert Hallmen. Bei den Hornissen muss nicht gezählt werden: Da existiert nur eine Sorte, und sie ist laut Hallmen „nichts anderes als eine überdimensionierte Wespe".

Kaisermantel gaukelt über dem Schulfestplatz

Er hat den Kaisermantel über den Gelnhäuser Schulfestplatz gaukeln sehen, im Kasselbachtal den Schillerfalter entdeckt, am Steinauer Weinberg Schachbrett und reichlich Bläulingsarten beobachtet, den majestätisch segelnden Schwalbenschwanz. Und in seinem Minigarten mitten in Gelnhausen hinter dem Haus Lambertusgasse 8 eine kleine, aber feine Wildnis entstehen lassen. Und das alles, weil er sein Herz für einen luftig-leichten Mosaikstein der Natur im Hessischen Spessart entdeckt hat: Uwe Doberanz ist in der Freizeit hinter den Faltern her.

Nicht mit Fangnetz und Botanisiertrommel, nicht um die Flattertiere aufzuspießen und sie später stolz als Trophäen zu zeigen. Doberanz übt sich im Sichtkontakt, lauert den Tagfaltern mit der Kamera auf und beweist ihre Existenz mit Fotos.

Knappe 70 Quadratmeter misst die Parzelle in Gelnhausen Mitte. Einen „normalen“ Garten kann man sie kaum nennen, denn neben Gemüse und Blumen herrschen hier buchstäblich Kraut und Rüben. Was da wuchern darf, ist gewollt. 60 verschiedene Wildpflanzen und Kräuter sind es inzwischen, die Schmetterlingen und Insekten Nahrung und Lebensraum bieten. Fenchel und Weinraute stehen in voller Blüte und locken den Schwalbenschwanz an, Weidenröschen üben magische Anziehungskraft auf Nachtfalter aus, Kohl und Senf sind Wirtspflanzen für die verschiedenen Weißlinge. Bläulinge laben sich am Hornklee, andere Nektar sammelnde Falter am Sommerflieder. Hier dürfen Disteln und Brennnessel gedeihen, als Heimat von Tagpfauenaugen, Admiral, Landkärtchen, C-Falter und etlichen Nachtschmetterlingen. Einige Pflanzen sind mit einem Netz abgedeckt. Es soll vorrangig die Puppen des Schwalbenschwanzes vor Fressfeinden schützen, wie zum Beispiel den als Insektenvertilger generell so nützlichen Meisen. „Bei mir ist viel los“, freut sich der Gelnhäuser. Seine Wildnis ist lebendiger als die von Rasen und Koniferen anderswo

Ein Netz zum Schutz des Schwalbenschwanzes vor den stets hungrigen Meisen: Uwe Doberanz in seinem Naturgarten.

geprägten Gärten, belebter als viele öffentliche Anlagen, die pflegeleicht angelegt wurden. Und eindeutig wertvoller für die Natur. Doberanz ist Naturparkführer und bereit, Rat und Hilfe zur Anlegung bunter Gärten, falterfreundlichen Anlagen zu geben. Hier und dort hat sein Werben schon gefruchtet. Er hilft bei der naturnahen Umgestaltung von Gärten. Und hat Tipps parat, wie man diese Paradiese für die Falter auf Dauer erhält. Der private Beitrag für eine bunte Natur ist allerdings nur der eine Aspekt der Arbeit von Doberanz. Er hat sich die Antwort auf die Frage vorgenommen, wie es um die Falterpopulation im Nordspessart steht. Die Marschrichtung gibt das von der Naturkundestelle des Main-Kinzig-Kreises im Jahre 1995 herausgegebene Buch „Die Tagfalter des Nordspessart" vor. Autor Frank Nowotne hat zwischen 1976 und 1994 gründlich geforscht, die Vorkommen kartiert und einen dramatischen Rückgang der Bestände registriert. Die Gründe: intensive Landwirtschaft mit dem Einsatz von Giftstoffen, die nicht nur den vermeintlichen Schadinsekten den Garaus machen, die ins Unermessliche gehende Zahl der Tag- und vor allem der Nachtfalter, die von Autos und Zügen in den Tod gerissen werden. Nowotne stellt fest, dass von den 1928 im Bereich des Altkreises Schlüchtern mit seinen falterfreundlichen Trockenrasenflächen registrierten 93 Arten gut 50 Jahre später nur noch 71 nachweisbar waren. Als erloschen gelten die einstigen Bestände des Segelfalters, des Moorgelblings, des Weißen und des Großen Waldportiers. Nowotne analysierte 1995 außerdem: Im Bereich des Sandsteinspessarts waren nur noch die Bestände von 18, im Schlüchterner Becken von 24 Arten ungefährdet.

Uwe Doberanz hat es sich zum Ziel gesetzt, die Bestandsaufnahme zu aktualisieren. Ob sich im, vom wachsenden Bewusstsein für den Umwelt- und damit auch dem Falterschutz geprägten letzten Jahrzehnt etwas geändert hat? Einen kleinen Erfolg kann der Gelnhäuser schon verbuchen. Er hat den Baumweißling geortet, „und den hat Nowotne in seiner Bestandsanalyse als verschollen bezeichnet", so Doberanz.

Der Große Eisvogel als einer der markantesten Schmetterlinge des Spessarts schmückt die Titelseite von Frank Nowotnes Bestandsaufnahme von anno 1995.
CoCon-Verlag Hanau
ISBN 3-928100-26-2

Im Rausch geht er von hinnen

Ist das nicht ein schöner Tod? Mancher Hirschkäfer geht im Rausch von hinnen. Mitten in der Paarungszeit und dann auch noch im sprichwörtlichen Tran. Für beides hat dieser markante, urtümliche Eichenwälder im Naturpark Spessart prägende Käfer jahrelang im Mulm gelebt, also in faulendem Holz.

So schildert Heinrich Denich höchst populärwissenschaftlich das Werden und Vergehen des zarte Seelen schreckenden, bis zu zehn Zentimeter langen Brummers. Der Forstamtmann betreut über dreieinhalb Jahrzehnte den Rodenbacher Gemeinde- und Teile des Staatswaldes am Westrand des Naturparks. Hier gibt es ideale Biotope für den Hirschkäfer. Uralte Eichen stehen in den Waldgebieten am Lochseif, an der Barbarossaquelle, in den so genannten Lehrn.

Denich ist seit zwei Jahrzehnten „Hirschkäfer-Vater", weil dieses Insekt in den intensiv genutzten Spessartforsten rar geworden war. Der Wald ist ein Wirtschaftsfaktor. Da fällt eben manche alte Eiche, weil sie erntereif ist. Also fehlte dem Käfer die Brutmöglichkeit. Kurzzeitig flackerte der Bestand auf: Saurer Regen ließ alte Eichen sterben. In deren faulendem Holz fand der Hirschkäfer ein Refugium.

Richtig auf die Beine haben den Riesenkäfer Denichs besondere Schutzmaßnahmen gebracht und heute freut sich der Forstmann: „Wir finden ihn wieder häufiger."

Die Hirschkäfer-Lieblingsplätze: an einem sonnigen, gut entwässerten Platz im Forst ein langsam verfallender Eichenstock, also die Wurzel eines mächtigen Baumes, oder aber eine mit verrottendem Eichenholz, mit Eichenrinde und Eichensägemehl gefüllte Erdgrube. Wenn dann ein spezieller Pilz aus dem Holz den Mulm macht, findet der Hirschkäfer ideale Lebensbedingungen.

Außerdem: Das Tier braucht Ruhe. Die Larve verpuppt sich erst nach drei bis fünf Jahren, überwintert danach noch ein Jahr im Boden. Im Sommer nehmen dann die Weibchen und die von einem stattlichen Geweih

Genau Maß genommen: ein kapitales Hirschkäferexemplar. Dieses Männchen ist fast zehn Zentimeter groß.

Hirschkäfer-„Vater" Heinrich Denich und ein Hirschkäfermännchen, das seine Existenz wohl den besonderen Pflegemaßnahmen verdankt.

geprägten Männchen für ein paar Wochen imponierende Gestalt an.

Der einzige Zweck dieser Übung: die Paarung.

Das Geweih hat für den Käfer einen doppelten Zweck, nämlich Nebenbuhler zu bekämpfen und das Weibchen bei der Paarung in den Klammergriff zu nehmen, damit es nicht ausreißt.

Hochzeit wird dort gefeiert, wo Baumsäfte austreten. Sie sind zuckerhaltig, vergären schnell und sind dann promilleschwanger. Denich hat beobachtet, wie trunkene Männchen vom Baum in den Tod stürzen, sich dabei buchstäblich den Hals brechen, oder sich vom Specht ohne nennenswerte Gegenwehr aufpicken lassen. Die Weibchen sind cleverer, wenn der Specht anfliegt: Sie lassen sich vom Baum rollen, überstehen zumeist – weil graziler gebaut – diesen Sturz, streben befruchtet dem nächsten Mulm entgegen, legen ihre Eier und folgen den zuvor zumeist schon verunfallten Männchen in den Tod. Der Kreislauf beginnt wieder, neue Hirschkäfergenerationen wachsen im Mulm heran.

Marianne verhört die Männchen

Marianne Demuth-Birkert: mit allen Amphibien auf Du und Du, auch wenn es hier nur eine Keramikerdkröte ist.

Die Hardt nahe Bernbach ist über viele Jahre von Panzern und anderem Kriegsgerät geschunden worden. Der Boden ist zerfurcht. Es sind Fahrspuren entstanden, Vertiefungen im Gelände. Das richtige Areal für Marianne, um in dem seit dem Abzug der GIs aus Gelnhausen ruhig gewordenen Areal die Männchen zu verhören. Mindestens 150 rufen hier lauthals. Ein Beweis dafür, dass hier der „Fröschelchen lustig Chor“ gut zu Hause ist – als Bioindikator im Bereich des Naturparks Hessischer Spessart.

Die da die Männchen verhört, ist Marianne Demuth-Birkert, in der Nachbarschaft der Hardt in Großenhausen daheim, Diplom-Biologin und hierzulande eine anerkannte Fachfrau für die Amphibien, also die Frösche, Kröten, Unken und Molche.

Die Hardt gilt als Refugium des Laubfrosches. Der Bestand hier und an anderen günstigen Stellen im Main-Kinzig-Kreis zu Beginn des neuen Jahrtausends: etwa 360 rufende Männchen bei steigender Tendenz, wie sich Marianne Demuth-Birkert freut.

Allerdings: Auf dem ehemaligen Truppenübungsplatz entwickelt sich die Natur naturgemäß. „Damit das Gelände so bleibt, wie durch die militärischen Übungen geschaffen und für den Laubfrosch ideal wurde, ist hoher Pflegeaufwand notwendig“, berichtet uns die Diplom-Biologin: beim Zähmen der wuchernden Pflanzen, beim immer wieder notwendigen Ausheben der schnell verschlammenden Tümpel. Also reifte die Idee, gemächlich diese rufenden Männchen und ihren Anhang dorthin umzuquartieren, wo sie dauerhafter idealere Lebensbedingungen finden, nämlich in die feuchte, für den Laubfrosch natürlichere Kinzigaue, die er schon an einigen Stellen besiedelt. Das technische Problem: Es ist nicht machbar, den lustigen Chor dieser Fröschelchen in Eimern zu sammeln, sie via Kinzig zu verfrachten und dann zu hoffen, dass sie auf ewig hier bleiben. Es bedarf der Trittsteine, um diese Amphibien dazu zu veranlassen, in ein auf Dauer ideales Biotop zu wandern. Also entwickelt Marianne Demuth-Birkert in Kooperation mit vielen ehrenamtlichen Helferinnen und Helfern der örtlichen Naturschutzvereine und in Absprache mit den Behörden die Idee eines Biotopverbundes durch neue Teiche und Tümpel parallel zu Fließgewässern aus Richtung Hardt zur Kinzig. Zu nahe an Wohngebieten sollten die Trittsteine nicht entstehen. Die in Liebesglut rufenden Männchen sind arg laut.

Das ist eines der Probleme dieser Amphibien-Sachverständigen, die sowohl für die Cassebeer-Gesellschaft in Bieber, als auch für die heimischen Naturschutzverbände im Rodenbacher Naturschutzzentrum arbeitet, die notwendigen Schutzmaßnahmen koordiniert und darüber hinaus bemüht ist, durch Führungen, Projekte und Aktionen darauf aufmerksam zu machen, dass auch jene, die da nur kreuchen, des biologischen Gleichgewichtes wegen Schutz verdienen.

Im Naturparkbereich gibt es fast alle der in Hessen nachgewiesenen Amphibienarten, häufig die Erdkröte, den Grasfrosch, den Bergmolch. Sehr viel spärlicher sind Laubfrosch, Gelbbauchunke, Kammmolch und Kreuzkröte zu finden, zu den Raritäten gehören Wechsel- und Knoblauchkröte sowie der Springfrosch.

Im Naturpark sind darüber hinaus aus dem Spektrum der so genannten „Grünfrösche“ der Seefrosch zu finden, der Kleine Wasserfrosch und der aus der Kreuzung beider zuletzt genannter Arten entstandene Hybridform Teichfrosch, außerdem Feuersalamander, Berg-, Faden-, Kamm- und Teichmolch.

Noch vor 50 Jahren waren viele der Arten verbreitet im Naturparkbereich zu finden. Flurbereinigung, die Trockenlegung feuchter Wiesen, die Vertiefung der Gräben und das Verfüllen von Gewässern haben für einen starken Ruckgang gesorgt, beklagt die Biologin: „Der Mangel an geeigneten Laichgewässern führt zu einer Verinselung der Population.“

In den intensiv genutzten Feldern und Wäldern sind in den letzten Jahren dank des Einsatzes der Amphibienschützer aber Nischen geschaffen worden, die den Amphibien wieder auf die Beine helfen: zum Beispiel die Regenrückhaltemulden neben Waldwegen. Hierhin fließt bei starken Regenfällen das Wasser, versickert nur langsam und bietet Frosch & Co. Fortpflanzungs- und Lebensräume. Positiv wirken sich die vielerorts entstandenen neuen Feuchtbiotope aus und die Lenkung der Laichzüge.

Der alljährlich im zeitigen Frühjahr an ersten milden Abenden mit leichtem Regen zu beobachtende „Massenmord“ an diesem Getier ist trotz aller Schutzbemühungen, Warnschilder und Appelle an die Autofahrer „noch immer erschreckend“, so die Expertin. Mit dem Mute der Verzweifelung versuchen alljährlich Amphibienfreunde, diese Laichwanderung mit Krötenzäunen zu stoppen, das Getier einzusammeln und in Eimern über die Straßen zu bringen.

Stellenweise gibt es Hoffnungsschimmer: durch in Laichwanderrichtung entstandene Ersatzlaichgewässer, effektive Krötentunnel und umstrittene. Durch den mit Lichtschächten erhellten Tunnel in der Nähe von Breitenbach, ein Ortsteil von Schlüchtern, würde auch Marianne Demuth-Birkert robben, verriet sie uns. Die große Tunnelanlage im Zuge der Bundesstraße 276 verfügt jetzt über einen lichten Durchmesser von 70 Zentimetern, groß genug, um auch anderen Kleintieren Durchschlupf zu ermöglichen, so Mardern und Igeln.

Generell gilt: Die Amphibien haben im Bereich des Naturparks an mehreren Stellen durch gezieltes Bemühen und neue, sinnvolle Feuchtbiotope wieder bessere Chancen. „An vielen anderen Stellen ist aber noch sehr viel zu tun“, so Marianne Demuth-Birkert. Für Baumaßnahmen seien Zuschüsse aus öffentlichen Kassen notwendig, es bedürfe ehrenamtlicher Arbeitskraft, um Biotopideen zu verwirklichen und der Überzeugungsarbeit, um Vorbehalte gegen die Amphibien abzubauen. Auch die nach Darstellung der Märchen als eklig und plump geschilderte Erdkröte sei „ein Mosaikstein der Natur, eine erdfarbene Schönheit“. Nur wenn diese Kröte und ihre diversen Verwandten in angemessener Zahl Wald und Feld bevölkerten, sei der Naturpark so bunt, wie es ihm gebühre, also biologisch im Lot.

Schreckgespenst im Solarium

Häuptling „Leise Sohle“ in Aktion: Wie weiland die Rothäute im Wilden Westen setzt er seine Schritte höchst bedächtig. Damit kein Ästchen knackt, das Laub nicht raschelt, kein teutonischer Marschtritt den Boden beben lässt. Fast schwebend geht es in Richtung Solarium. An diesem strahlenden Tag wird es sicher benutzt – nicht der Bräune wegen, sondern weil die vom Himmel kommenden Strahlen für die notwendige Betriebstemperatur sorgen. Die braucht ein Hätschelkind der Spessart-Natur, das einst ein Schreckgespenst war ...

Kreuzotterexkursion im Naturpark. Auf leisen Sohlen gleitet Ralf Wollesen durch das Gelände. Der Diplom-Biologe ist Leiter des Artenschutzprojektes „Kreuzotter im Hessischen Spessart“, eines der beiden Gebiete in Hessen, wo dieses Reptil noch verbreitet ist. Zum Beispiel in der riesigen Gemarkung der Gemeinde Jossgrund.

Diese „Vipera berus“ ist – weil sich die Struktur des Waldes verändert hat – auf Inseln konzentriert. In des Jossgrunds Wäldern kennt Wollesen 14 dieser Inseln. Einige liegen benachbart. Das lässt den Schluss zu, dass die Inseln Berühungspunkte miteinander haben, sich also die Schlangen begegnen können, was ihre Gene frisch hält, für den Arterhalt fatale Inzucht vermeidet.

Ralf Wollesen vertritt die „AGAR“, die Arbeitsgemeinschaft Reptilien- und Amphibienschutz in Hessen. Sie wird von der Frankfurter Zoologischen Gesellschaft finanziert und praktiziert eine vertrauensvolle Zusammenarbeit mit dem Forstamt Jossgrund. Das Projekt läuft seit 1995 und ist ein Puzzle-Spiel.

Die Kreuzotter hinterlasst kaum Spuren. Ein Glücksfall für Ralf Wollesen und die ihn unterstützenden Kollegen von der „AGAR“, Diplomanden aus dem Fach Biologie und Praktikanten, ist es, wenn sie bei ihrer Nachsuche einige Fetzen gerade abgestreifter Kreuzotterhaut finden. Ansonsten zählt nur der Sichtkontakt.

Fündig werden nur jene, die um die Lebensumstände

Ideal für die Kreuzotter: ein Baumstumpf, der als Solarium dienen kann und drumherum viel Gebüsch, um hier bei Störungen unterzutauchen.
Ralf Wollesen zeigt ein typisches Biotop.

dieses Reptils wissen, das Biotop erkennen können, das ihr zusagt: Saumbereiche des Waldes im Übergang zwischen offenen, der Sonne zugänglichen Flächen und geschlossenen Bereichen. Im sonnigen Bereich sollten sich Baumstümpfe befinden. Sie nutzt die Kreuzotter als Sonnenbank. Als wechselwarmes Reptil braucht sie Außenwärme, um auf ihre Betriebstemperatur (um die 30 Grad) zu kommen. Die Stümpfe sollten von viel Grün umrankt sein, damit diese „Vipera berus" bei Störungen abtauchen kann und Hohlräume haben, damit sich die Schlange dort verkriechen und im frostfreien Bereich überwintern kann.

Ralf Wollesen und seine Mitarbeiter wissen inzwischen sehr viel über die mindestens Hundert und vielleicht sogar mehr Exemplare dieser einzigen Giftschlange im Bereich des Naturparks Hessischer Spessart. Einzelne Tiere wurden mit Minisendern bestückt. Über deren Funksignale war es möglich, die Reviere zu ergründen, die Wanderungen während der Paarungszeit im Mai, die Verstecke.

Die Kreuzotter wird bis zu 70 Zentimeter lang, wobei das Weibchen geringfügig stärker als das Männchen ist. Während der Paarungszeit ist der „Schlangerich" höchst aktiv und wird wohl vom Weibchen durch Duftstoffe angelockt. Konkurrierende Männchen liefern sich regelrechte Ringkämpfe. Das Vorspiel der Paarung wird als ausdauernd beschrieben, ebenso die Kopulation.

Die weibliche Schlange bringt bis zu einem Dutzend und zwischen 15 und 20 Zentimeter lange Jungtiere zur Welt, die vom ersten Augenblick ihres Lebens buchstäblich auf eigenen Füßen stehen und sich Nahrung suchen müssen.

Muss der Mensch den Giftzahn der „Vipera berus" fürchten? Der Experte der AGAR beruhigt: Aus den Gebieten in Deutschland, in denen die Kreuzotter lebt, also auch im Naturparkbereich, „ist seit 40 Jahren kein tödlicher Biss mehr bekannt geworden", erläutert Wollesen. Diese Schlange wehre sich nur bissig, wenn ein Querbeetwaldläufer auf sie tritt oder sie jemand in die Hand nimmt.

Sichtkontakt mit einer Kreuzotter: Die hier von der Kamera erfasste Schlange lässt deutlich ihre typische Zeichnung erkennen.

Kobold mit kugelrunden Kulleraugen

Auf Anhieb sympathisch: Ein junger Siebenschläfer schaut mit großen Augen in die Nacht.

Erst das Trippeln und Knacken in der Decke und der Wand. „Jetzt sind sie aufgewacht", kommentiert beim letzten Büchsenlicht Martin Schlünder. Ein giftiges Zischen und Fiepen folgen. Der Experte klärt auf: „Die sind nicht gut aufeinander zu sprechen, wenn sie sich zu nahe kommen." Und dann blickt ein Kobold mit kugelrunden Kulleraugen, kecken fast kreisförmigen Ohren und einem entwaffnend lieben Gesicht auf die Männer zu seinen Füßen. Ordnet sie als ungefährlich ein, schnappt sich eines der Apfelstücke, macht kehrt, lässt den buschigen Schwanz sehen und verschwindet in seinem Versteck.

Dieser Kobold wird bis zu 18 Zentimeter lang und schleppt einen 15 Zentimeter langen Schwanz hinter sich her, der beim Springen als Steuerknüppel dient, und ist im Bereich des Naturparks Spessart ein höchst heimliches, aber gar nicht so seltenes Tier: der Siebenschläfer, der zusammen mit dem Gartenschläfer, dem Baumschläfer sowie der sehr viel kleineren Haselmaus die Familie der Bilche bildet.

Wer diese nachtaktiven Schläfer Auge in Auge sehen möchte, hält sich am besten an den Biologen Martin Schlünder. Er befasst sich mit der Sanierung und damit Erhaltung von Streuobstwiesen und früheren Weingärten. Am lang gestreckten Hang zwischen der Stadt Gelnhausen und ihrem Vorort Roth hat er eine der hier zahlreichen Gartenhütten gepachtet. Sie sind in den sechziger und frühen siebziger Jahren in Obstanlagen entstanden. Diese Grundstücke sind etlichen Besitzern heute nicht mehr die Mühe der Pflege wert; sie verbuschen, verwalden. Und dadurch sind sie für die Bilche ein ideales Biotop.

In Decke und Wand der Hütte haben sie sich eingenistet. Bevorzugte Nahrung dieser Teilzeitvegetarier: die im Reifeprozess befindlichen Kläräpfel. Dorthin gelangen die Schläfer in tiefem Dunkel mit traumwandlerischer Sicherheit auf ihrem Wechsel fünf Meter über Grund: Sie springen von Tanne zu Haselnuss, vom Fliederbusch zum Apfelbaum. Dort oben droht diesen Tieren nur minimale Gefahr. Höchst selten greift eine Eule einen Bilch aus dem Geäst, erwischt ein Marder einen dieser Kobolde.

Generell haben die Bilche dort ein fettes Leben, wo es Früchte von der Beere bis zur Nuss gibt, mal ein Vogelnest geräubert werden kann, sich ein besonders leckeres Insekt schnappen lässt, wo sich Höhlen und Überwinterungsmöglichkeiten bieten, eben in Gebäuden, löcherig gewordenen Altbäumen. Und weil nur die fettesten der Sieben- und Gartenschläfer, der Haselmäuse die Winterruhe von bis zu acht Monaten überleben, wird den knappen Sommer über gefuttert, was in den Bauch passt, lässt sich mancher Bilch sogar vom Menschen ziemlich handzahm anfüttern. Der Biologe weiß davon zu berichten, dass ein neugieriges, ausgesprochen verfressenes Tier ihm Sahne vom Finger leckte. Anfassen allerdings sollte man die Kobolde nicht: „Sie können böse zubeißen." Kein Wunder auch, denn das Gebiss ist ausgelegt, um Nüsse zu knacken.

Der legendäre „Schmeil" (Leitfaden der Tierkunde) von anno 1949 wirft dem Sieben- und Gartenschläfer noch vor, dass er in Obstgärten nicht selten großen Schaden anrichtet. Davon ist heute keine Rede mehr. Den Bilchen werden Beere und Nuss, Apfel und Pflaume gegönnt, vermehrt von jenen, die diese niedlichen Tiere mit eigenen Augen gesehen haben. Es sind putzige Zeitgenossen nach dem von den großen Augen geprägten Kindchenschema.

Das waren sie nicht immer. Der lateinische Name „Glis glis" weist auf die Glissarien der Römer hin, Gebäude mit vielen Nischen, in denen die Siebenschläfer gefüttert und gemästet wurden. Julius Cäsar und die Seinen schätzten die Tierchen gebraten wegen ihres so nussigen Geschmacks, weiß Martin Schlünder zu berichten.

Gefahr aus dem Osten

Gefahr aus dem Osten: der Marderhund. Micha Röder legt den Zollstock an dieses ausgestopfte Tier. Es wurde tot nahe der Eisernen Hand gefunden und präpariert.

Micha Röder nimmt Maß: Schulterhöhe 36 Zentimeter, Länge von der Schnauze bis zur Schwanzspitze 80 Zentimeter. Dieser Vermessung geht kein Dressurakt voran. Das Tier hält eisern still. Kein Wunder: Es ist ja zum Präparat erstarrt, sprich ausgestopft, wie es landläufig heißt. Aber nicht verstaubt, sondern hochaktuell und immer wieder angeschaut. Ist dieser mittelgroße Marderhund, der sicher als Späher in den Naturpark Hessischer Spessart eingezogen ist, Vorbote einer Gefahr, die aus dem Osten kommt?
Micha Röder ist Jagdaufseher im gemeinsamen Jagdbezirk seines Bruders Roland und von Michael Stock in Wirtheim. Er erzählt, wie dieses Präparat zustande kam: Besagter Marderhund ist tot am Rande der Bundesstraße 276 nahe der Eisernen Hand gefunden worden, als zunächst „unbekannte Leiche“, die nur leicht in Mitleidenschaft gezogen, also noch präparierbar war. Es dauerte geraume Zeit, bis Jagdpächter und -aufseher überhaupt erfuhren, worum es sich bei diesem Fund handelte. Und kaum war das Rätsel gelöst, ahnten andere Jägersleut' Jägerlatein. Die Röders hätten das Tier aus dem Ostblock mitgebracht, des Effektes wegen hierzulande ausgelegt, ist gemutmaßt worden. So war es aber nicht. Im Spessart sind immer wieder mal Spuren dieses Raubtieres gefunden worden.
Seit dem Jagdjahr 2000/2001 ist der Beweis erbracht: Die Gefahr aus dem Osten ist da. Die Streckenliste der Unteren Jagdbehörde vermerkt einen erlegten Marderhund. Das alarmiert die Jäger, die sich um die Zukunft des bereits arg dezimierten Niederwildes wie Hase, Fasan und Rebhuhn sorgen, und die Naturschützer, die um am Boden brütende Vögel fürchten. Der Marderhund ist nämlich ein Sammler. Wenn er – stets hungrig – herumstreicht, frisst er auch Junghasen und Eier von Bodenbrütern. Ist er also nach dem nach ähnlicher Beute Ausschau haltenden Waschbären und dem Mink (Nerz) hierzulande ein weiterer, das biologische Gleichgewicht störender Fremdling?

Die drei „Einwanderer“ haben eine gemeinsame Wurzel: Sie sind ausgewilderte oder aus Farmen ausgebüxte Pelztiere, die in unserem Raum gute Lebensbedingungen finden, sich vermehren und trotz ihrer Bejagung stabile Bestände gebildet haben.
Was hierzulande passieren kann, ließen sich die Mitglieder des Jagdklubs Hanau vom einzigen deutschen Marderhund-Experten sagen, dem Forstingenieur und Biologen Norman Stier, der im Auftrag der Technischen Universität Dresden diesen Allesfresser erforscht.
Die Zugrichtung: Der Marderhund stammt aus Südostasien, ist in Russland als jagdbares Pelztier ausgesetzt worden, von hier längst durch Weißrussland und Polen bis nach Finnland gewandert, wohl über Norddeutschland und die Benelux-Länder schon bis an die französische Atlantikküste gelangt und hat Mecklenburg-Vorpommern fest im Griff. Stier forscht im nördlichsten deutschen Bundesland. Er berichtete den heimischen Grünröcken: In den vorpommerschen Gebieten nahe der Oder gibt es schon so viele Marderhunde wie Füchse, sind im Jagdjahr 98/99 rund 3 000 erlegt worden. Viele der Tiere wurden seziert, um die Fressgewohnheiten zu erkunden. Gefangene Marderhunde wurden mit Sendern bestückt und wieder ausgewildert, um ihren Lebensweg zu verfolgen. Die Erkenntnisse der Wissenschaftler: Der Marderhund frisst alles, was ihm vor die spitze Schnauze kommt, vom Aas mit reichlich Maden bis zum Mais, der eine besondere Leibspeise scheint. Er dehnt seinen Lebensraum pro Jahr um 50 Kilometer nach Westen und Südwesten aus. Stier hat erforscht: Dort, wo erste Marderhunde beobachtet werden, dauert es 15 Jahre, bis der Bestand explodiert, Verhältnisse wie westlich der deutsch-polnischen Grenze drohen.
Vom Experten war auch zu erfahren, dass dieser Marderhund all jene, die ihm nachstellen, in die Zwickmühle bringt. Hetzen ihn Hunde, stellt er sich tot und täuscht so seine Verfolger. Er ist nachtaktiv und als kleines Tier vom Hochsitz aus nur schwer zu erkennen. Bei winterlichen Drückjagden harrt er im Bau aus und

nutzt die so genannten Kirrungen: Wenn Schwarzwild mit Mais gefüttert wird, um es im Wald zu halten und Wildschäden zu vermeiden, ist der Marderhund schnell als Mitfresser zur Stelle. Und er macht den Jägern sogar die Beute streitig: Wird ein erlegtes Tier nicht sofort in Sicherheit gebracht, „dann dauert es dort – wo es viele Marderhunde gibt – kaum eine halbe Stunde und das geschossene Reh wird angefressen", hat Stier beobachten können.
Zweierlei konnte der Experte als Trost übermitteln: Kommt der Marderhund dennoch einmal vor die Flinte, dann darf der Jäger ruhig vorbeischießen. Das Tier reagiert auf den Schuss nicht. Es kann also ein zweites und auch ein drittes Mal Blei gegeben werden. Und: Der Fremdling bildet bisweilen in Erdbauen Wohngemeinschaften mit Füchsen und Dachsen. Wenn Junge da sind, frisst der Marderhund die Fuchswelpen auf. Im Gegenzug hält sich der Fuchs an den bis zu 14 Jungen des Marderhundes gütlich.

Zurück auf leisen Pfoten

In Eidengesäß war sie sittsam. In Lanzingen wird sie des Hühner- und Hasendiebstahls verdächtigt, soll sie ihre nadelscharfen Krallen und ihre spitzen Zähne als Serientäter genutzt haben. So jedenfalls haben es Adam Lach und Josef Jackel registriert – zwei Weidmänner, die mit Kuder & Co. in Berührung gekommen sind und zweifelsfrei bestätigen können: Die Wildkatze ist in den Naturpark Hessischer Spessart zurückgekehrt, mit ziemlicher Sicherheit als Grenzgänger. Im benachbarten Unterfranken sind diese im heimischen Bereich als ausgestorben beklagten Kleinräuber ausgewildert worden. Von Heigenbrücken, Rothenbuch und Wiesen, ihrer neuen Heimat, war es für sie nur ein Katzensprung bis ins Hessische.

Ein Kuder lauert im Geäst: Die Wild- oder Waldkatze ist wieder im Naturpark Hessischer Spessart zu Hause.

Adam Lach, Jagdpächter eines Revieres in Eidengesäß, hat im Februar berichtet: „Letzten Sonntag habe ich Wildkatzenspuren gesehen", nahe der Edelweißhütte an dort aufgeschichteten Strohballen. Hier hat wohl eine Wildkatze die grimmigen Eis- und Schneetage verbracht.

Im Jahr davor sind – so erfuhren wir von Lach – in Eidengesäß mit einer für diese Tiere unschädlichen Kasten- und damit Lebendfalle zwei dieser Kleinräuber erwischt worden. Bei einem der Tiere handelte es sich eindeutig um eine ausgewilderte Katze. Sie trug den ihr zur Ortung umgehängten Minisender am Hals. Und war gar nicht erfreut, als sie in der Falle saß und ihr Menschen nahe gekommen sind. Lach: „Die hat ganz schön gefaucht." Die Gefangenen wurden den allen Weidmännern bekannt gemachten Katzenbetreuern überstellt und erhielten nach eingehender Untersuchung wieder unbegrenzten Freigang.

In Eidengesäß sind keine Wildkatzenschäden registriert worden. Ganz anders in Lanzingen. In den ersten Monaten des Jahres 2001 gab es hier Turbulenzen um Kuder & Co. Jagdaufseher Josef Jackel hat es notiert: 19 Hühner und zwei Stallhasen haben sich die wilden Katzen geholt, haben Ställe geknackt und Gitter durch-

brochen, sind selbst in die Kastenfalle gegangen, wurden ins Bayrische transportiert, dort ausgesetzt und sind wieder dorthin zurückgewandert, wo es fette Beute gab: eben nach Lanzingen.
Da diese Tierspezies unter absolutem Schutz steht, zahlt eine Versicherung bei Katzenschäden. Jackel hat die Räuberei gemeldet. Ohne lange zu fragen, ob bei diesen Beutezügen vielleicht auch der Fuchs oder ein anderer Räuber mitgemischt haben, wurden die Hühner- und Hasenbesitzer entschädigt.
Dass diese Wildkatzen nicht nur bei der Futtersuche durch den Naturpark streifen, bestätigt eine Beobachtung von Adam Lach: Er hat in der so genannten Bettelsmannruh zwischen Lanzingen und Eidengesäß eine Wildkatze beobachtet, die drei Junge führte. Der Leiter des Staatsforstamtes Jossgrund, Forstoberrat Hansjürgen Bachmann, bestätigt: „Wir sehen die Katzen hin und wieder.“ Und das sowohl vom Ansitz aus, als auch bei den Pirschgängen im Spessartforst.
Gewiss, es gibt Hauskatzen, die ihren wilden Verwandten täuschend ähnlich sehen, deren Fell auch grauschwarz meliert ist. Aber: Die wilde Katze ist sehr viel kräftiger, kompakter. Genetisch gibt es aber so viele Parallelen, dass sich Haus- und Wildkatzen paaren. Der Kuder – wie der wilde Kater im Fachjargon heißt – greift zu, wenn er eine rollige Hauskatze findet und schlägt eben mit seiner Kraft alle ebenfalls um die Gunst der Schönen buhlende Zimmertiger aus dem Feld.
Über Jahrhunderte hatte dieser Kleinräuber einen überaus schlechten Ruf. Ihm wurde nachgesagt, dass er unersättlich ist, sich an Rotwildkälbern vergreift, an Auerhähnen und anderem Getier, das ihm an Größe weit überlegen ist. Die Katze springe Tieren dieser Art an und beiße ihnen das Genick durch. Folglich haben die Wildschützen diesen Beutekonkurrent gnadenlos bejagt. Die Folge: Die Wildkatze konnte sich nur noch in unzugänglichen Wäldern halten. Ihr Vorkommen ist auf fünf Prozent der deutschen Landfläche geschrumpft.

1934 hatte die Hatz auf die wilde Katze ein Ende. Sie wurde unter Naturschutz gestellt. Aber erst in den letzten Jahrzehnten kam sie im Spessart wieder richtig auf die Beine. Ob sich eventuell noch vorhandene und lange unentdeckt gebliebene Restbestände erholt haben, weiß niemand. Sicher ist aber: Die Auswilderung hat dafür gesorgt, dass eine faszinierende Tierart den Spessart flächendeckend zurückerobert hat, vor allem das Rotwildgebiet.

Im Bayrischen ist das Forstamt Rothenbuch Modellprojekt für die Auswilderung aus Zoobeständen nachgezüchteter Kuder und Kätzinnen. Sie werden mit lebendem Futter auf ihr Dasein in freier Wildbahn trainiert und dürfen mit Geflügel und Kaninchen, Mäusen und Ratten das Jagen üben. Möglichst lange werden sie unter Kontrolle gehalten. Viele der Tiere können über Mini-Sender, die sie am Hals tragen, geortet werden. Deshalb war auch bei zumindest zwei Katzen, die in Eidengesäß und Lanzingen in die Kastenfalle gingen, nachzuvollziehen, woher sie stammten: aus der Schar der immerhin 250 Tiere, die zwischen 1984 und 2000 im bayrischen Spessart in die freie Wildbahn entlassen wurden. Per Funkkontakt erforschten die Biologen, wohin die wilden Katzen wanderten, wie sie sich ernährten. Es zeigte sich: Der Bericht über die Hühner- und Hasendiebstähle in Lanzingen wird wohl kein Jägerlatein sein. Einer der ausgewilderten Kuder, der den Namen „Muzz“ erhielt, ist dabei beobachtet worden, wie er eine Stockente und eine Bisamratte erbeutet hat.

Darüber und über vieles mehr der Geschichte und der Biologie der Wildkatze gibt ein von faszinierenden Fotos geprägtes und von zwei Großkopfeten des deutschen Naturschutzes auf den Weg gebrachtes Buch Auskunft. TV-Tierfilmer Heinz Sielmann („Die Wild- oder Waldkatze ist mein Lieblingstier“) und der Vorsitzende des Bundes für Umwelt- und Naturschutz Deutschland, BUND, Hubert Weinzierl, geben diesem 2001 erschienen Buch „Die Wildkatze – Zurück auf leisen Sohlen“ Gewicht (ISBN 3-924350-81-7).

Der Spessartwanderer muss schon ein Glückspilz sein, wenn er eine dieser Waldkatzen zu Gesicht bekommt. Macht nichts. Sie ist Bestand der Menagerie des Wildparkes Alte Fasanerie im Hanauer Stadtteil Klein-Auheim.

Ein Präparat, also ein ausgestopftes Tier, ist im Senckenberg-Museum in Frankfurt zu finden. Dessen naturwissenschaftliches Institut hat die Wildkatzenpopulation im Taunus detailliert untersucht und auch festgestellt, dass diese Kleinräuber zwar den Mut des artverwandten Löwen haben, aber keineswegs nur auf Hühnerfleisch aus sind. Institutsmitarbeiterin Julia Altmann hat Wildkatzenmägen untersucht. Die Tiere hatten vorwiegend Mäuse gefuttert, aber auch Eidechsen und sogar Blindschleichen. Die Biologin fand aber auch Schrot im Körper von Kuder & Co. Da meinten sicher Wildschützen an der Peripherie von Frankfurt, das ihnen vor die Flinte gekommene Tier sei eine im Außenbereich wildernde Hauskatze und keine der geschützten Waldkatzen. Aus dem Spessartbereich ist – glücklicherweise – bisher kein Jagdunfall dieser Art bekannt geworden.

Haare für Pinsel – Fett für Schuhe

So erzählt man augenzwinkernd im Kreis von Weidgenossen: Als es herbstelte, berieten drei junge Dachse darüber, wie sie sich ihre Winterruhe so angenehm wie möglich machen könnten. Der eine entpuppte sich als Musikfan und schleppte Wohltönendes jeder Art in seine Höhle. Der zweite war Irdischem aufgeschlossener und verproviantierte sich mit Leckerlis jeder Art. Dachs Nummer drei verkündete: Er werde Dächsinnen in den Bau treiben und mit ihnen die triste Winterzeit interessant verbringen. Gesagt – getan. Monate später und als die Sonne wieder Kraft bekam: Die jungen Dachse werden nach tiefem Winterschlummer wieder munter, schauen sich in ihrer Höhle um und sind entsetzt. Das Wohltönende ist spurlos verschwunden, dito sind es die Leckerlis und auch die jungen Dächsinnen. Ziemlich parallel zueinander blinzeln die Jungmänner erstmals wieder ins Sonnenlicht. Sie sehen einen schon lebenserfahrenen älteren Dachs herumspazieren, aufrecht schreitend, die Vorderpfoten hinterm Rücken gekreuzt und fröhlich immer wieder drei Worte wiederholend: Lieben, Fressen, Cha-Cha-Cha ...
Eine hübsche Geschichte, die ein Tier so menschlich erscheinen lässt, das durch Körperform und Verhalten bisweilen menschlich wirkt. Und in den Menschen sogar einen Freund gefunden hat.
Um den zur Familie der Marder gehörenden Dachs (meles meles) stand es in der zweiten Hälfte des letzten Jahrhunderts gar nicht gut. Naturhygieniker wollten radikal die Tollwut ausrotten, eine Krankheit, die auf Nutztiere und sogar den Mensch überspringen kann. Der Feldzug wurde mit Giftgas geführt. Die Taktik: Begasung der Fuchsbaue. Da Dachs und Fuchs häufig unter einem Dach wohnen, der Fuchs tag- und der Dachs nachtaktiv ist, war zurzeit der Begasung der Fuchs oft auf der Pirsch, der Dachs zu Hause und wurde Opfer dieser glücklicherweise längst eingestellte Aktion.

Dachssachverständiger Uwe Dreyer: als ehemaliger Berufsjäger und als Präparator, hier bei der Pflege eines „ausgestopften“ Anschauungsobjektes dieser Spezies.

Dass dieses zur Familie der Marder gehörende Tier nicht völlig ausgerottet wurde, ist wohl Waldjägern auch im Bereich des Naturparks Hessischer Spessart zu verdanken. Sie wussten, wo sich im dichten Forst Dachsbauten befanden und haben sie verschwiegen. Weil also einige Tiere überleben durften, erholte sich der Bestand wieder. Heute ist dieses Spezies wieder spessartweit und darüber hinaus gut vertreten.
Das und vieles mehr über Meister Grimmbart, so der volkstümliche Name, weiß Uwe Dreyer zu berichten, Jungjägerobmann des Hanauer Jagdklubs, erfahrener Berufsjäger im Ruhestand und nun freischaffend im erlernten Beruf als zoologischer Präparator tätig.
Warum erscheint der Dachs so menschlich? Er ist wie der homo sapiens ein Allesfresser. Das signalisiert sein Gebiss, eine Kombination aus Reiss- und Mahlzähnen. Er erschnüffelt Regenwürmer unter der Laubdecke, frisst Schnecken und Käfer, nimmt, wenn er trotz seiner Behäbigkeit schnell genug zuschlagen kann, auch Mäuse mit, bisweilen auch Junghasen. Besondere Leckerbissen sind die Gelege von Bodenbrütern. Und reifender Mais. Weil sich der Dachs aufrichten kann, gelangt er an die Kolben und lässt sich die saftigen Körner gut schmecken. „Ein Schädling ist Grimmbart aber nicht“, stellt Dreyer heraus.
Der Dachs ist ein geschickter Höhlengräber und buddelt draußen in Wald und Feld für viele Mittiere. Iltis, Waschbär und Marderhund finden in seinen Bauten ein Obdach, bisweilen Kaninchen und in Norddeutschland sogar die in Höhlen brütende Brandgans. Und vor allem der Fuchs. Der „stinkt“ dem Dachs aber häufig, denn Meister Reineke schleppt allerlei Nahrung in das Versteck, lässt sie dort verludern. Deshalb entmüllt der Dachs im Frühling, wirft das, was der Untermieter mitgebracht hat, hinaus, aber auch die für die eigene Winterruhe in den Bau geschleppte Matratze, nun vergammeltes Gras. Und zieht gegebenenfalls eine Etage tiefer. Unter den vom Fuchs okkupierten Gängen werden neue gegraben.
Auch in dieser Beziehung ist der Dachs menschenähnlich: In der Nähe seines Baus legt er eigene Toiletten

an. Allerdings: Er scharrt das Loch nicht zu. Die Exkremente locken Käfer an. Und die verspeist der Grimmbart genüsslich.

Der Dachs ist schwer zu bejagen. Es bedarf schon sehr cleverer Jagdhunde, um ihn aus dem Bau zu holen. Und viele Jäger scheuen es, ihre teuren Helfer in den Dachsbau zu schicken. Der Bewohner ist wehrhaft und tückisch. Gelingt es ihm, den Hund hinter sich zu drängen, dann deckt er diesen mit einem Erdhagel ein und verschüttet den Hund. Dann müssen die Jäger zu Spaten und Schaufel greifen und machmal drei Meter tief buddeln, um an Hund und Dachs zu kommen.

Der Dachs ist nahezu komplett für den Menschen nutzbar: Sein struppiges Fell liefert unverwüstliche Haare für Rasierpinsel, seine Schwarte ein strapazierfähiges Leder. Das Weiß, wie die Jäger das Fett nennen, wurde einst verwendet, um Schuhe wasserdicht zu fetten oder als Wagenschmiere. Das Fleisch ist, wenn ausgewässert (Dreyer: „Früher hängte man es ein paar Tage in einen schnellfließenden Bach“) durchaus schmackhaft, aus den Keulen wird ein leckerer Schinken. Ausgewachsene Tiere bringen so viel Fleisch auf die Waage wie ein mittelprächtiges Spanferkel: bis zu sieben Kilogramm.

Der Dachs wird heutzutage dennoch kaum konventionell bejagt. Er hat einen viel schlimmeren Feind als den Menschen: den KfZ-Verkehr. Im Jagdjahr 2001/2002 wurden im gesamten Main-Kinzig-Kreis nach der Aufstellung der für diesen Raum zuständigen Unteren Jagdbehörde 80 Dachse Fallwild, sind also beim Wechseln über Straßen unter Autoreifen verendet.

Vielseitig verwendbar: der Dachs.

Gruseln erlaubt – Angst unnötig

Keine Angst vor den gespenstischen Nachtgeistern: Hans Schwarting und ein Graues Langohr.

Im fernen China steht „Fu“ für Glück und für Fledermaus zugleich. Der Schluss aus dieser Begriffsgleichheit: „Wo sich die Fledermaus wohl fühlt, fühlt sich auch der Mensch wohl.“ So interpretiert es Hans Schwarting, im zeitraubenden Hobby Fledermausschützer und längst weithin als exzellenter Fachmann anerkannt. Und deshalb auch umfassend darüber informiert, was da nächtens im Naturpark Hessischer Spessart und seinen Randgebieten durch die Luft geistert. Vom „Däumeling“ bis zum schier gigantischen Mausohr, das immerhin eine Flügelspannweite von 40 Zentimetern erreichen kann. Aber keine Angst: Hierzulande gibt es keine blutsaugenden Ungeheuer, also schrecklichen Vampire, die sich in zarten Jungfrauenhälsen festbeißen, nach Lebenssaft gieren. Allerdings: Gruseln ist erlaubt. Auch die heimischen Arten können schrecken, weil sie heimlich, still und leise anfliegen.

Schwarting zählt die Arten auf, die hierzulande vertreten sind, bisweilen häufig und manchmal auch sehr selten. Allen mangelt es nicht an Nahrung, wohl aber an geeigneten Quartieren. Weil eben viele Wälder nicht mehr urtümlich sind, alte Bäume verschwanden und damit auch die Möglichkeiten, in Spalten und Spechthöhlen Quartier für die Winterruhe und die so genannten Wochenstuben zu machen. Manches alte Gebäude mit Schlupfwinkeln für diese Geister der Nacht ist gefallen. Dachböden wurden gegen Holzschädlinge begast. Damit wurde auch den Fledermäusen der Garaus gemacht. Moderne Gebäude sind dicht isoliert, abgeschottet gegen Untermieter dieser Art. Es sei denn, sie finden zum Beispiel einen Weg durch die Rohre der Klimaanlagen. Und dann werden die Fledermausschützer alarmiert, um die ungeliebten Eindringlinge sanft umzuquartieren, wie in einem Bürohochhaus am Stadtrand von Frankfurt geschehen.

Im Bereich des Naturparks sind Wasserfledermäuse geortet worden, die auf Fließgewässer angewiesen sind und knapp über der Wasserfläche jagen. Hier gibt es

Bart- und Franzenfledermäuse, die für die Region typische Bechstein-Fledermaus, das Große Mausohr, den Kleinen und den Großen Abendsegler. Letzterer hat einen gesegneten Appetitt. „Der schafft in einer Stunde dreißig Maikäfer“, ist von Schwarting zu erfahren. Von Norden ist die Nordfledermaus eingewandert. Sehr häufig wird die Zwergfledermaus beobachtet. Bekannt sind aus Spessartgefilden die Rauhhautfledermaus, das Braune und Graue Langohr, die Mopsfledermaus. Zwergenklein ist die Zwergfledermaus, die es aber auf eine Flügelspannweite zwischen 180 und 240 Millimeter bringt.

Schwartings Team kontrolliert behutsam die natürlichen und als Ersatz für angestammte Quartiere aufgehängten Fledermausnistkästen und hat dabei manch erstaunliche Beobachtung gemacht. So ist im Wildpark Alte Fasanerie bei Klein-Auheim eine Rauhhautfledermaus entdeckt worden, die zwei Wochen vorher in Südschweden beringt worden war. Dieser Däumeling, sein Körper ist eben nicht länger als ein Daumen, ist in dieser Zeit 774 Kilometer gen Süden geflattert. Beringt wird in Deutschland nur im Rahmen von Forschungsaufträgen. Schwarting informiert: „Nach dem Artenschutzgesetz ist das Angreifen von Fledermäusen nicht erlaubt.“ Die Tierchen sind zu filigran.

Andere Beobachtungen: Flattertiere dieser Spezies vom Schweriner See kommen im Winter in den Spessart. Gedrängt überwintern Fledermäuse in unserem Gebiet im Schloss Ramholz, in der Steinauer Teufelshöhle, in einigen Feldscheunen und auch in verbliebenen Gebäuden mit luftigen Dächern. Und dort, wo ihnen ihre Schützer Quartiere geschaffen haben.

Schwarting betont, dass alle Arten bestandsgefährdet sind, deshalb eines besonderen Schutzes bedürfen. Wie dicht die Fledermauspopulation ist, kann nur über den Daumen abgeschätzt werden. Nicht überall gibt es so aufmerksame Beobachter der Szene wie eben Schwarting und seine Helferinnen und Helfer.

Die nächtlichen Insektenjäger sind ein interessantes Völkchen. Weithin bekannt ist es, dass die fast blinden Tiere ihre Beute per Ultraschallwellen orten und jagen.

Die wichtigste Beute: Nachtfalter. Allerdings: Etliche Arten sind nicht schutzlos den Angriffen aus dem Hinterhalt ausgeliefert. Falter hören die Fledermäuse und lassen sich flugs zu Boden fallen. Die Attacke stößt ins Leere.

Um überleben zu können, brauchen die Fledermäuse nicht nur Winterquartiere, sondern auch so genannte Wochenstuben. Diese Säugetiere balzen im Herbst. Nach der Begattung ruhen Samen und Ei im Körper der Weibchen. Die Befruchtung vollzieht sich erst im Frühjahr. Die Männchen gehen nach den Beobachtungen der Experten offensichtlich auf Nummer sicher. Wachen sie während der winterlichen Ruhezeit in dem mit den Weibchen geteilten Quartier auf, dann werden diese auch schon mal vergewaltigt. Danach schlummern die Paschas aus dem Volk der Segler, Rauhhäute, Lang- und Mausohren bis zur nächsten Tat weiter.

Die Weibchen bringen lebende Junge in der warmen Jahreszeit zur Welt. Der Nachwuchs klammert nicht nur an die eigene Mutter. In der so genannten Wochenstube bleiben immer einige Ammen zurück, die die Kinder pflegen, während die anderen Weibchen auf Nahrungssuche sind.

Schwarting ist zuversichtlich, dass nicht nur die Schutzmaßnahmen für die Fledermäuse Früchte tragen, zumal sich die Tiere auch anpassen. Sie haben zum Beispiel Hohlräume in Straßenbrücken für sich entdeckt. Der Straßenlärm stört sie nicht.

Außerdem wirkt die aufklärende Öffentlichkeitsarbeit: „Es wird mehr und mehr Allgemeingut, dass Fledermäuse keine Monster sind, sondern als Insektenvertilger ein wichtiger Bestandteil einer intakten Natur.“ Also keine Panik, wenn sich an Sommerabenden ein schreckliches Monster durch das offene Fenster in ein Wohnzimmer verirrt und plötzlich in der Gardine hängt. Diese Fledermaus schielt nicht nach dem nächsten Jungfrauenhals. Sie hat nur die vom Lampenschein angelockten Insekten gejagt und sich dabei verflogen.

Reparaturservice mit Schwimmhäuten

Wer viel Geduld und Glück hat, bekommt den Biber auch bei Tageslicht vor Augen, wie hier an einem Nebenbach der Jossa.

„Die können nicht all das reparieren, was wir Menschen kaputt gemacht haben", ordnet Rainer Loos den Service der Hand- und Mundwerker mit den Schwimmhäuten ein. Aber, es ist schon erstaunlich, was die Biber bereits alles wieder in eine natürliche Ordnung gebracht haben. Das zeigt im Jossatal zwischen Mernes und Marjoß dieser Forstamtsrat aus dem Amt Sinntal und Revierbeamter in Neuengronau voller Stolz. Kein Wunder auch: Rainer Loos steht mit diesem „Castor fiber" auf Du und Du und ist Teamleiter des von der Landesforstverwaltung getragenen Biberprojektes.

Erinnern wir uns: Über Jahrhunderte gab es im Bereich des Naturparks Hessischer Spessart keine Biber mehr. Das einst häufige Tier war wohl schon Ende des Mittelalters ausgerottet worden, weil es bei einem Gewicht von bis zu 35 Kilogramm einen guten, fetten Braten hergab. Die geistliche Obrigkeit erlaubte Biber als Fastenspeise – weil der schuppige Schwanz das Tier als Fisch auswies. Pech für den Biber war auch, dass er ein Fell trug, das sich zu protzigen Mänteln verarbeiten ließ und Bibergeil lieferte, das der Volksmeinung nach die Potenz beflügelt und auch gegen allerlei Wehwehchen wirke.

Der Mensch, der hierzulande die Biber ausgelöscht hat, brachte sie zurück. Im Bereich von Sinn und Jossa sind 1987 und 1988 achtzehn in den Elbeauen gefangene Tiere ausgewildert worden. „Heute sind es 150 plus x", schätzt Rainer Loos. Das Bibergebiet reicht bis zur Kinzig, zum Main, zur Fränkischen Saale und in die Quellgebiete der Jossa.

Die massigen Tiere, deren Element das Wasser ist, sind auf ihren Stummelfüßen schon über die Wasserscheide zwischen dem Sinn- und dem Kinzigtal gewandert, schwammen bei Entdeckungsreisen bis vor die Tore Hanaus, sind dabei im Bulau-Auwald beobachtet worden und haben im Tal des Kreis-Hauptstromes Kolonien bei Sannerz und an einem Nebenbach in der Gemar-

kung Bad Soden-Salmünster gebildet. Hier wird alljährlich Nachwuchs geboren.
Nach zwei Jahren werden die Jungtiere aus dem Familienverband verdrängt, suchen sich neue ständige Lebensräume, vielleicht auch weiter Kinzig abwärts?
Der Biber hat inzwischen auch eine weitere Wasserscheide überwunden: am Ende der Schmalen Sinn im Bereich Kothen/Speicherz in das Einzugsgebiet der Fulda, Werra und Weser, die bisher biberfrei waren.
Loos kennt im Bereich des Naturparks Spessart inzwischen 30 Biberreviere, bewohnt von durchschnittlich fünf Eltern- und Jungtieren. In der Hälfte davon hat der „Castor“ neue Lebensräume gestaltet und die Oberläufe der Bäche mit Dämmen gestaut. Die Biber brauchen tiefes Wasser, damit sie den Einschlupf zum Bau unter dem Wasserspiegel anlegen können. Als Vegetarier genießt das Tier im Sommer all das Kraut, das an Bach und Teich wächst, verschmäht aber auch Ackerfrüchte und Obst nicht, was sich bisweilen zum Wildschaden in Gärten und auf Feldern auswächst. Im Winter lebt der Biber von den Rinden der Weichholzbäumchen. Er nagt sie so lange an, bis sie umkippen, beißt mit mächtigen Nagezähnen die Äste ab und schleppt sie als Wintervorrat in den Bau. Weil so seine Speicher gut gefüllt sind, muss der Biber keinen Winterschlaf halten.
Wo der Biber seine Dämme aus miteinander verflochtenen Ästen baut, sie mit Grünzeug und Erde abdichtet, bilden sich Seen und Tümpel, entstehen neue Lebensgebiete, ergeben sich – so Loos – „gigantische Veränderungen“. Bald wieder auftauchende Libellen und andere wassergebundene Insekten dokumentieren dies, wie auch Teichhühner, Zwergtaucher und Enten unterschiedlichster Art. Die Rohrweihe zeigt sich, und der Baumfalke jagt hier. In Gras und Schilf bieten sich Lebensräume für Regenpfeifer und Uferlaufer, Unterstände für Reh- und Schwarzwild. Der Biber repariert also emsig an durch intensive landwirtschaftliche Nutzung verarmter Natur im Spessart.
Allerdings: Die Entwicklung seit der Wiederansiedlung der Biber ist „nur ein Wimpernschlag der Natur“, so Rainer Loos. Es muss noch viel untersucht und

Deutliche Biberspuren: Mit seinen scharfen Zähnen hat er eine Aspe gefällt. Deren Rinde wird als Winterfutter im Bau eingelagert.

erforscht werden. Der heute bereits mögliche optische Eindruck von den Landschaftsveränderungen erlaubt das Urteil, dass die für den Erwerb von 70 Hektar „Biber-Land“ investierten 1,6 Millionen Mark Steuermittel gut angelegtes Geld sind. Die Landesforstverwaltung, die Träger des Biberprojektes ist, hat prächtige Arbeit zur Aufwertung des Spessarts geleistet.

Auf den Biber und die von ihm reparierten Lebensräume neugierig geworden? Viele weitere Informationen und attraktive Natur vermittelt ein Infopfad nahe dem Sinntaler Ortsteil Breunings (von dort aus beschildert). Gruppen ab 20 Personen können auf Wunsch von Rainer Loos nach Anmeldungen unter Telefon oder Fax 06665/13050 zu den Biberburgen und -Dämmen geführt werden.

Übrigens: Anwohner der unteren Kinzig müssen nicht fürchten, dass Biber den Fluss stauen, Überschwemmungen verursachen. Das Wasser des Flusses ist für diese Tiere stets tief genug, um ohne Damm die eigene Wohnung bauen zu können. Zum anderen ist es fraglich, ob dem Biber dieser Lebensraum „schmeckt“: Der Fluss ist oft tief ins Gelände eingeschnitten, das Ufer schwer zu erklimmen. Nicht überall gibt es schwaches Weichholz am Ufer und nahrhafte Kräuter. Außerdem wird den Bibern ein untrüglicher Instinkt für hochwassergefährdete Gebiete wie die Kinzigniederung nachgesagt – weil der Nachwuchs der Wassertiere in den ersten Lebenswochen noch nicht tauchen und dann, wenn der Bau unter Wasser gerät, sich nicht retten kann.

Pest und schlimme Wasser überlebt

Er hat einen Seuchenzug überlebt, der mit der Pest verglichen wurde. Und schlimme Wasser zu jener Zeit, als Umweltschutz noch ein unbekannter Begriff war und all das im Bach landete, was als Abfall galt: der wackere Astacus astacus – heute ein Diamant etlicher Fließgewässer im Naturpark Hessischer Spessart, der Edelkrebs.

Er gehört zur Familie der zehnfüßigen Krebse, hat also beidseits je fünf „Schreitbeine“, von denen das erste dieser Paare typische Krebsscheren sind, die vor allem bei männlichen Tieren sehr kräftig ausgebildet werden. Dieser Edelkrebs kann, wenn er ideale Wachstumsbedingungen findet, bis zu 20 Zentimeter lang werden.

Das berichtet Franz-Josef Wichowski, Biologe und Mitarbeiter des Öko-Büros in Gelnhausen, ein Kenner des Kinzig-Flusssystems und deshalb auch der „Reliktpopulationen“ dieses Edelkrebses, also der heute noch existierenden Bestände.

In der Bieber und auch anderswo zu finden: der Edelkrebs, wie ihn der Krebsreport des Landes Hessen vorstellt.

Dieser Astacus astacus bildete einst Massenvorkommen, wurde gefischt, war ein wertvolles Nahrungsmittel. 1875 brach dann auch in Deutschland die erst später als Pilzinfektion erkannte Krebspest aus. Die Pilzfäden befallen das Nervensystem der Tiere. „Innerhalb einer Woche können ganze Flusssysteme krebsleer sein“, heißt es in einem „Krebs-Report“ des Hessischen Umweltministeriums von anno 2001.

Dennoch: Es sind Edelkrebse geblieben. Konstant und stabil ist ein Bestand von 20 bis 30 Tieren im Oberlauf der Bieber. Hier hat Wichowski auch trächtige Weibchen und ihre Brutpflege beobachtet. Der Biologe weiß von Edelkrebsen, die bei Kinzighausen in der Kinzig leben. Der Report des Umweltministeriums listet Bestände im Hasselbach auf, im Mittellauf der Kinzig an der Einmündung von Bieber und Klingbach, ein starkes Vorkommen im Elmbach und auf der vogelsbergnahen Seite der Kinzig im Ulmbach und im Oberlauf der Salz. Im Kasselbach, der ebenfalls Krebsstand-

ort sein soll, hat Wichowski hingegen bisher vergeblich nach dem Zehnfüßler gesucht.
Der Biologe ist der Ansicht, dass es jetzt wieder „zahlreiche, geeignete Bach- und Flussabschnitte gibt, in denen der Krebs leben kann“. Ideal für ihn sind mittelgroße, saubere Fließgewässer mit kiesigen Stellen, aber auch etwas Kraut, vor allem mit der Möglichkeit, sich in Höhlen zurückzuziehen. Jungtiere sind Vegetarier, ältere verspeisen Würmer und Schnecken, Muschelfleisch und Insekten, bisweilen auch kleine Fische und Artgenossen, aber auch Aas und gelten deshalb als Gesundheitspolizei der Fließgewässer.
Groß ist die Zahl der Feinde der Krebse: vor allem der Aal, der in die Höhlen vordringen kann, und Raubfische mit kräftigen Kauwerkzeugen. Gejagt werden vor allem junge Krebse auch von Bisamratten, Graureihern, Störchen, sogar Eisvögeln, aber auch Füchsen und Mardern.
Und auch der Mensch giert nach Astacus astacus. 25 Prozent der Krebsmasse sind hochwertiges, wohlschmeckendes Fischeiweiß. Und weil man jenseits des Rheines ein besonderes Faible für Schalen- und Krustentiere hat, wurden einst Millionen deutscher Edelkrebse nach Frankreich exportiert.
Die in unseren Tagen in Bieber, Hasselbach, der Kinzig und anderen Gewässern wild lebenden Krebse dürfen wohl überall unverfolgt gedeihen: Sie stehen unter strengem Naturschutz und sicher unter der sorgfältigen Obhut der Vereine und Gruppierungen, die die Fischereirechte an diesen Gewässern haben. Die Petrijünger wissen: Wo Krebse vorkommen, ist die Gewässerqualität gut, also das Biotop Bach oder Fluss im Gleichgewicht. Die hier geangelten Fische schmecken.

Der Krebsreport des Landesministeriums plädiert für eine weiterhin nur „mosaikartige Verteilung isolierter Populationen“, um das Risiko einer neuerlichen Krebspest möglichst auszuschalten.
Und woher kommen die zahlreichen Flusskrebse, die in Delikatessengeschäften und bisweilen sogar im Supermarkt angeboten und teuer gehandelt werden? Aus Zuchtteichen, deren Gewässerqualität so gesteuert wird, dass die Zehnfüßler gesund bis zur Schlachtreife heranwachsen.
Eine zweite Krebsart, die im Bereich des Naturparks Hessischer Spessart vereinzelt zu finden ist, stammt aus Amerika und wurde hier ausgewildert, als die Gewässer nach dem Seuchenzug fast alle krebsleer waren: der gegen die Pestpilze immune Signalkrebs. Er ist kleiner als der Edelkrebs, stellt ähnliche Ansprüche an Struktur und Qualität seines Lebensraumes und „läuft eben mit“, wie die Experten eine Spezies bewerten, die nun mal da, aber für die heimische Tierwelt nicht bedeutend und vermutlich auch nicht bedrohlich ist.

Sein Traum reift: Wildlachs aus der Kinzig

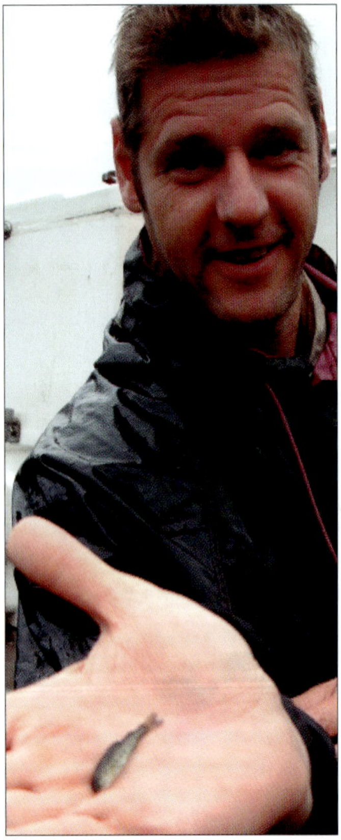

Ein kleines Fischlein, das zu einem kraftvollen Wildlachs werden kann: Fischbiologe Dr. Jörg Schneider und ein „Parr", einer der in das Gewässersystem der Kinzig eingesetzten Junglachse.

Jungangler Dirk W. hat einen Traum. Beim „Würmchen-Baden" an der Kinzig verspürt der passionierte Petrijünger plötzlich einen Riesenbiss und besteht den Kampf mit dem sich kraftvoll wehrenden Schuppentier, das an seinem Haken ging. Die Beute: ein Wildlachs, der vom Maul bis zur Schwanzflosse fast einen Meter misst, annährend 15 Kilogramm auf die Waage bringt.

Dirks Traum kann Wirklichkeit werden. Noch nicht sofort, aber vielleicht irgendwann nach 2015, wenn die Pirsch auf den Edelfisch freigegeben worden ist.

Erste Voraussetzungen sind geschaffen. In diesem Fluss, aber auch in der Bieber, der Salz und der Bracht sind wieder „Parrs" aus der Familie des Atlantischen Lachses heimisch, wie der Experte die Jungfische nennt. Allerdings nicht allein, um in Zukunft die Angler zu beglücken. Ein Ökosystem, das von der Rheinmündung bis in den Naturpark Hessischer Spessart reicht, kommt auf den Prüfstand: durch das Ländergrenzen übergreifende Programm „Lachs 2000".

Der „Salmo salar L." ist ein traditioneller Bewohner dieses Rheinsystems. Die Industrialisierung, die zunehmende Besiedlung, deren Abwässer, die Verbauung der Rhein-Nebenflüsse durch Schleusen und Wehre haben den Lachs vertrieben. Mit Beginn des dritten Jahrtausends ist seine Renaissance eingeläutet worden.

Dr. Jörg Schneider ist Biologe, leitet in Frankfurt das Institut für Fischbiologische Studien und managt im Auftrage des Regierungspräsidiums in Darmstadt die Wiederansiedlung des Lachses im System der Kinzig.

Schneider weiß zu berichten: Von den im Juni 2001 im Gewässersystem der Kinzig ausgesetzten rund 50 000 Lachsen sind „viele sehr gut gewachsen". Das ergaben Kontrollen im Bereich der Bulau, nahe Haitz und Bad Soden. Der Fischexperte: In der Kinzig haben die ausgewilderten „Parrs" eine Überlebenschance von 25 Prozent, in den Nebengewässern zwischen 19 und 35

Prozent. Allein der bei der ersten Besatzaktion ebenfalls bedachte Kinzigabschnitt parallel zum Ruhlsee bei Langenselbold erwies sich als Flop und „scheidet künftig als Besatzort aus“, so Dr. Schneider. Die damals ausgesetzten Lachse in zwei Größen, darunter auch einjährige Tiere mit einer Länge von sieben bis zehn Zentimetern, haben in der Kinzig eine sehr gute „Abwachsleistung“.

Im Frühjahr 2002 orteten Angler in der Kinzig bereits Lachse in einer Länge von 18 Zentimetern und glauben auch zu wissen, dass die ersten Fische dieser Art ihrem Trieb gefolgt sind. Sie strebten Kinzig, Main und Rhein abwärts durch die Nordsee in den Atlantik, um hier groß und mächtig zu werden, vor allem aber geschlechtsreif. Dann schwimmen sie dorthin zurück, wo sie aufgewachsen sind, also Rhein, Main und Kinzig aufwärts – Fische, die einen Meter lang und bis zu 15 Kilogramm schwer sein können. So weit haben sich die „Winzlinge in ihren ein bis vier Seewintern gestreckt“, so Dr. Schneider, also während ihres Lebenszyklus als Salzwasser-Schuppentiere.

Die Besatzaktion des Sommers 2002: In großen Plastiktanks kamen die für das System der Kinzig gedachten 110 000 Fischlein über Nacht aus Dänemark angereist. Sie stammen aus einer Fischzuchtanstalt in Randers und haben schwedische Ahnen aus dem Flusssystem des Ätran. Diese wurden in dem geraume Zeit lachslosen dänischen Fluss Gudenau heimisch gemacht, sind gut gediehen und liefern die Brut für die künftigen Kinziglachse. Mitglieder von Angelsportvereinen, die zur Interessengemeinschaft Kinzig gehören, übernahmen das Aussetzen dieser dank einer speziellen Fütterung auf eine Länge von 3,6 bis 4,5 Zentimeter vorgestreckten Fischlein in den Gewässern, die sich als geeignet für den Besatz erwiesen haben.

Dr. Schneider und die von dem Erlenseer Bernd Kurz geführte Interessengemeinschaft der Angler werden über Jahre ein wachsames Auge auf die Kinzig und ihre Nebenflüsse halten, durch behutsames Kontrollfischen prüfen, wie sich die jungen Lachse entwickeln und dem Tag entgegenfiebern, an dem der Weg für diese so

Davon dürfen hierzulande Petrijünger träumen: einen solchen Wildlachs aus der Kinzig fangen.

genannten „weitziehenden Schuppentiere“ hindernisfrei ist, noch vorhandene Wehre der Kinzig für diese Fische durchgängig gemacht sind durch „Umgehungsgerinne“, die Bernd Kurz treffend „Bypässe“ nennt.

Ein längerfristigeres Programm ist die Durchgängigkeit des Maines. Seine Schleusen müssen noch kostenaufwendig für die laichreifen und zurück in Kinzig, Bieber, Bracht und Salz strebenden, erwachsenen Lachse „passierbar gemacht werden“, wie es Dr. Schneider formuliert.

Wenn das Projekt „Lachs 2000“ zu einer runden Sache werden soll, müssen die Hindernisse unverzüglich aus dem Weg geräumt werden. Bergab finden die Kinzig-Lachse als elegante Schwimmer einen Weg auch über die Schleusentore. Bergauf muss es für die dann sehr viel mächtigeren Tiere Fischtreppen und ähnliche Aufstiegshilfen geben. Dann kann sich auch Dirk W.'s Traum erfüllen, einen dicken Fisch an die Angel zu bekommen und daheim Wildlachs aus der Kinzig zu kredenzen, allerdings erst dann, wenn der Kreislauf stimmt, diese Spezies einen stabilen Bestand hierzulande aufgebaut hat.

Derzeit sind die Lachse, auch wenn sie noch so gut gedeihen, für die Angler im Flusssystem der Kinzig tabu. Die Petrijünger sind entsprechend vergattert und müssen bei Zufallsfängen genau hinschauen. Dr. Schneider: „Wer uns den Fang eines Lachses mit 35 bis 45 Zentimetern Länge meldet, hat gewiss eine Forelle gefangen. Lachse in dieser Größe gibt es bei uns nicht. Sie sind längst ins Meer abgewandert.“

Perlen für die Säue

Im Biebergrund weiß man vom Hörensagen aus fernen Tagen: Was von der Fischer Beute auf wertvollen Inhalt überprüft worden war und als Rest blieb, wurde – weil eiweißreich und damit wertvoll – an die Schweine verfüttert. Ist da nicht manche – übersehene – Perle vor die Säue geworfen worden?

Bei der Perlensuche in der Flussperlmuschel gibt es eine Gewinnmöglichkeit, die theoretisch besser als beim Lotto ist. Franz-Josef Wichowski schätzt die Chance, in einer Flussperlmuschel eine der heiß begehrten Perlen zu entdecken, auf „eins zu einer Million". Solche Millionengewinne waren einst im Biebergrund möglich. Der Beweis dafür: In einer Schmuckschatulle in einem der Ortsteile wird sorgsam einer der unermesslich wertvollen Findlinge aus der Bieber verwahrt.

Wann sie gefunden wurde? Vor vielen, vielen Jahren, als das Flüsschen frei jeder Belastung und munter sprudelnd in vielen Windungen zu Tal gurgelte. Amtlich gilt die Flussperlmuschel im Gewässersystem der Kinzig seit 1920 als ausgestorben. Daran änderte auch nichts, dass der Naturforscher Adolf Seibig in den sechziger Jahren im Lützelbach eine noch lebende Flussperlmuschel fand. Mit Gewissheit ein Überbleibsel der einstigen, großen Muschelbänke in den aus dem Spessart gen Kinzig fließenden Gewässern – und ein Methusalem. Derartige Muscheln haben eine Lebenserwartung von bis zu 130 Jahren.

Damit die Artenvielfalt auch in den kleinen Flüssen und Bächen wieder reicher wird, läuft nun das Projekt „Wiederansiedlung der Flussperlmuschel", die 13 bis 16 Zentimeter groß wird, in komplizierten Lebensgemeinschaften heranwächst und Indikator dafür sein soll, dass es mit den Gewässern heute wieder stimmt, sprich: dass sie wieder kristallklar dahinplätschern.

Federführend für das Flussperlmuschelprojekt ist der Diplom-Biologe mit dem Schwerpunkt Gewässerökologie, Franz-Josef Wichowski. Er war zehn Jahre

Eine Erinnerung an die einstigen Muschelbänke in den Zuflüssen der Kinzig: Diplo-Biologe Franz-Josef Wichowski und die Schale einer der in seinem Gelnhäuser Öko-Büro archivierten Flussperlmuschel.

zunächst in der Bieberer Außenstelle Lochmühle der Senckenberg-Naturforscher damit befasst und ist eine der Triebfedern der notwendigen Renaturierung von Kinzig und deren Zuflüsse. Jetzt arbeitet der Biologe an der Schaltstelle im Ökobüro in Gelnhausen und ist darüber hinaus bei der Oberen Wasserbehörde zuständig für Gewässerökologie. Die Wiederansiedlung der Flussperlmuschel ist für Wichowski „ein reizvolles Artenschutzprogramm".

Der Muschel Revier ist die Forellenregion, dort, wo die kleinen Gewässer kiesige und sandige Bereiche haben, hier und dort auch Kolke, also Vertiefungen, die frei von Wehren sind, „also wilde Bäche", so der Biologe. 1993 liefen nach Angaben von Wichowski die Voruntersuchungen an, erste Wiederansiedlungsversuche. Das notwendige „Material" stammte aus der Schondra, einem Nebenfluss der Fränkischen Saale mit noch ausreichendem Muschelbestand. In Hessen selbst war, so der Experte, „nichts zu holen". Lediglich im Vogelsberg und in der Rhön gibt es noch einige Exemplare.

Die Laborexperimente mündeten in ein praxistaugliches Projekt. Es umfasst im Kinzigsystem die Orb, den Kling- und den Hirschbach, außerdem das gesamte Biebersystem.

Biologische Gegebenheiten der Flussperlmuschel-Auswilderung: Die erwachsene Muschel setzt zur Fortpflanzung winzigkleine Larven frei, die – weil gerade Mal 0,04 Millimeter groß – nur per Mikroskop sichtbar sind. Diese Larven saugen sich an den Kiemen von Forellen fest, wachsen hier innerhalb eines Jahres als Parasiten um das Hundertfache, fallen wieder ab, graben sich in den Boden ein und entwickeln sich dann innerhalb der nächsten fünf bis sechs Jahre auf eine Größe von ein bis zwei Zentimetern und haben bereits ihre Schale.

Für die Wiederansiedlung hierzulande liefert eine bayrische Versuchsanstalt Millionen von Muschellarven. In Rieneck werden sie bei Fischzüchter Ottmar Wiesenfelder in einem Teich auf rund 10 000 junge Forellen „angesetzt". Im Frühjahr, wenn genügend Larven sicher geankert haben, werden diese Forellen abgefischt und in Käfige umquartiert, die in der Bieber dort schwimmen, wo der Untergrund für die Ansiedlung dieser Muscheln geeignet ist. Sobald die Larven von den Kiemen abgefallen sind, werden die Fische in der Kinzig ausgewildert.

Wichowski und die Mitglieder seines Teams behalten die Entwicklung der Larven ständig im Auge und müssen Geduld haben. Erst in einigen Jahren wird sich zeigen, ob diese Wiederansiedlung Erfolg hat, sich in der Bieber und in den anderen Kinzigzuflüssen Muschelbänke bilden, die natürliche Vermehrung ihren Weg geht und die These stützt, dass es in den genannten Bächen mit der Ökologie wieder stimmt. Wichowski ist optimistisch, zumal es für die Muschellarven bald auch noch einen zweiten Wirt gibt: Sie nisten auch auf den Kiemen der im Kinzigsystem wieder angesiedelten Lachse.

Die Mittel für dieses Projekt stammten aus der Fischereiabgabe. Im Boot ist auch die Interessengemeinschaft Kinzig der Angler (IG Kinzig), denn diese Muscheln unterliegen dem Fischereirecht.

Ein von Wildlachsen besiedeltes Gewässer in England

Plagegeister zum Liebhaben

Einfach putzig: Junge Waschbären schauen uns an. Bruno Fiebig hat seine „Freunde" auf Videofilm gebannt.

„Sind die frech", hat Bruno Fiebig erfahren müssen. Sie fressen ihm aus der Hand. Und beißen auch in diese Hand, wenn sie nicht schnell genug die Leckerbissen rausrückt. Deshalb hat sich der Rentner eine Wasserpistole mit kräftigem Strahl und zehn Meter Reichweite gekauft. Aber auch sie schreckt die frechen Kerle nur für wenige Augenblicke. „Ich glaube, die meinen, dass sie nicht nur gefüttert, sondern auch noch gebadet werden."

Die Erfahrungen eines Mannes, der seit 20 Jahren im Naturpark Hessischer Spessart nahe Bieber ein ehemaliges Försterhäuschen als Wochenendhaus nutzt. Dieses Fachwerkgebäude ist tief im Wald versteckt. Einst ist hier Abraum aus dem Bergbau gelagert worden. Längst hat die Natur die Halden überwuchert, das Haus mit einem grünen Mantel umschlungen. „Hier ist es idyllisch ruhig", schwärmt der unter der Woche in Frankfurt an lärmreicher Stelle lebende ehemalige Elektromeister. Jedes Wochenende kommt er in sein Häuschen und weiß, „dass mich hier nachts höchstens mal eine Eule stört".

Fiebig nennt den Naturschwärmer Hermann Löns seinen Lieblingsautor, berichtet, dass er schon als Jugendlicher weit geradelt ist, um in der Abenddämmerung einen Rehbock auf einer Lichtung zu beobachten und ist im Herbst, wenn im Spessart die Hirschbrunft beginnt, oft vor den Förstern auf dem Hochsitz.

Einem solchen Menschen muss das passieren: Da tauchte am Wochenenddomizil ein offensichtlich hungriger Igel auf. Fiebig gab ihm Fressen. Das Futter lockte Waschbären an und Marder. Die Tiere wurden zutraulich, schmeichelten, weil sie eben putzig ausschauen, dem „Wäldler". Also wurde die Fütterung der wilden Tiere zur Wochenendbeschäftigung. Für Minibär und Marder gibt es Katzenfutter aus der Dose, aufgeweichte und gesüßte Haferflocken, Apfelstückchen,

Bananen. „Wenn es dunkel wird, wimmelt es rund um die Futternäpfe", schildert Fiebig den Besuchern seine Menagerie.
Die Kehrseite der Medaille: So putzig auch die Minibären sein mögen, sie sind im Naturpark Spessart Fremdkörper und jagdbares Wild. „Raubsäuger mit erheblichem Reproduzierpotenzial", wie sie in der Fachliteratur genannt werden. Sie fressen alles, was vor die spitzen Schnauzen kommt: Gelege und Jungvögel bis hin zu Entenküken, Forellen aus den Zuchtteichen, meucheln Legehennen, lassen sich junge Bisamratten und Kaninchen schmecken, verschmähen weder Regenwürmer noch Schnecken, lassen Getreide nicht links liegen, schlecken Obst und Feldfrüchte. Deshalb geraten sie gelegentlich unter Autoräder, weil sie am Straßenrand hinter plattgefahrenem Getier her sind. Auch Aas mag der Bär.
Für viele der Wildhüter im Spessart ist es der Aura der Waschbären wegen verständlich, diese heimlichen Nachttiere anzufüttern, um sie zu Gesicht zu bekommen. Allerdings: Dieser Mühe bedarf es nicht. Wer Waschbären sehen möchte, kann sie am Hanauer Stadtrand im Wildpark Alte Fasanerie beobachten. Ein Tipp: Nicht auf den Boden der Voliere schauen, sondern ins Geäst der dort stehenden Kiefern. Da sind sie zu finden.
Fiebigs Waschbären und die anderen, ungezählten, gewiss vielen Tiere dieser Art im Bereich des Naturparks sind hierzulande Fremdlinge. Ihre Heimat ist in den Weiten der USA. In der Nähe des Edersees vor bald sechs Jahrzehnten ausgewilderte Waschbären und „Flüchtlinge" aus Pelztierfarmen sorgten dafür, dass es heute den Waschbär nahezu flächendeckend gibt. Er darf geschossen werden und ist frei für die Jagd per Falle, hat aber de facto zumindest im Sommer Schonzeit. Das Naturschutzgesetz besagt: So genannte führende Mütter, also Tiere, die Junge haben, dürfen nicht gejagt werden. Und weil der Waschbär in der Regel im Dunkeln aktiv ist, kann kein Jägerauge unter-

Handzahm geworden: Bruno Fiebig und einer seiner nimmersatten Schützlinge.

scheiden, ob nun eine führende Mutter mit bis zu zehn-Nachkommen je Wurf oder ein Männchen in Schussweite gerät. Der Schussfinger bleibt gerade.
Wie zahlreich der Waschbär inzwischen im Land zwischen Main und Sinn ist, macht die Statistik der Unteren Jagdbehörde deutlich, die alle von Jägern erlegten oder unter Autoräder geratenen Wildtiere auflistet. Im Jagdjahr 2001/2002 sind 587 Waschbären geschossen und 89 in Fallen gefangen worden. 58 Tiere gerieten unter die Räder von Autos. Die Jäger haben im Main-Kinzig-Kreis also deutlich mehr Waschbären als Feldhasen erlegt. „Meister Lampe" wurde im selben Jagdjahr nur 278 Mal zur Strecke gebracht.

Brennende Vitamin-Bombe

Was er da probiert, ist eine Vitamin-Bombe und schreckt den Durchschnitts-Zungen-Besitzer. Das muss doch furchtbar brennen und scharf schmecken! Tut es nicht. Frisch vom Stängel gepflückte Brennnesseln sind zart und wohlschmeckend. „Sie brennen kaum“, beschreibt Eberhard Glänzer sein Probekosten. Und weiß: Er hat seiner Gesundheit Gutes getan – wofür auch viele andere Kräuter, ja sogar Blüten, Blätter und Früchte von Bäumen und Büschen draußen in der freien Natur des Spessarts dienlich sind. Vorrangig die vielerorts als lästiges Unkraut vehement bekriegte Brennnessel. „Sie enthält 30-mal mehr Vitamin C als Kopfsalat, 25-mal so viel Magnesium und 50-mal mehr an Eisen, reichlich Calzium und andere wertvolle Mineralien“, stellt Glänzer fest, jetzt Pensionär mit Wohnsitz im Herzen des Naturparks, in Bad Orb, davor Polizeibeamter und gut 12 Jahre Bürgermeister in Hammersbach, agil und drahtig und in einer beneidenswert vitalen, gesundheitlichen Verfassung.

Brennnessel, ein zartes Wildgemüse, das köstlich schmeckt. Eberhard Glänzer demonstriert den Genuss direkt aus der Natur.

Eberhard Glänzer ist seit Jahrzehnten Naturfreund, gibt als Naturparkführer seine Kenntnisse und Erkenntnisse bei Vorträgen, Exkursionen und Seminaren weiter und ist kein purer Müsli-Freak. Ihm schmeckt auch mal ein guter Braten und ein tüchtiges Glas Bier. Aber noch besser das, was die Natur bringt. Und in ihr ist an ungedüngten Weg- und Grabenrändern, auf Waldwiesen, am Waldessaum Vitaminreiches und mit Vitalstoffen Schwangeres gefahrlos zu ernten.

Glänzer hat keine neuen Entdeckungen gemacht. Er fußt auf dem Wissen, das einst so genannte Kräuterweiber gesammelt hatten, deren Heilkunst aber nicht in das mittelalterliche Weltbild passte, die als Hexen verfolgt, gequält und auf grausame Art zu Tode gebracht wurden. Ihr Wissen ist kurioserweise in Klostergärten konserviert worden und musste nur wiederbelebt werden, zum Beispiel von Glänzer.

Voraussetzung dafür ist eine genaue Kenntnis um all das, was draußen als Wild-, Heil und Gewürzkräuter

wächst, in Vielfalt zwischen dem zeitigen Frühjahr und dem späten Herbst, verwendbar als Frischkost in Salaten, in gedünsteter Form, als Tee und in Tinkturen, im Spektrum zwischen Brombeerblatt und Vogelmiere.
Wenn Glänzer als Naturparkführer sein Wissen weitergibt, dann lernen seine Zuhörer zunächst einmal all das Kraut kennen, das für die Gesundheit zuträglich ist. Nach dem Motto: Man kann alles essen, was nicht giftig ist. Also muss erst einmal all das aussortiert werden, was auch der Naturfreak links liegen lässt, weil es Bauchschmerzen und Schlimmeres verursachen kann. Der zweite Schritt: Brennnessel & Co. probeschmecken, erkennen, wie akzentiert der einzelne Geschmack ist, mal mild und lieblich, mal kräftig und bitter. Glänzers Meinung: „Alles, was essbar ist, schmeckt köstlich."
Der Naturkundige will nach eigenem Bekunden weder Ärzte noch Heilpraktiker arbeitlos machen, sondern lediglich überzeugen, dass wild Gewachsenes ein idealer Widerpart gegen die landläufig übliche nach seiner Meinung „schwache, an Vitalstoffen arme Ernährung ist". Und das auch noch überaus preiswert. Ein Spaziergang durch Wald und Feld reicht, und schon ist das „kostenfrei beschafft, wonach der Organismus lechzt". Und wie ernährt sich ein Mensch, der jetzt 70 Kilogramm auf die Waage bringt und einst in seiner Bürgermeisterzeit 105 Kilogramm mit sich herumschleppte: morgens mit selbst aus diversen Kornarten gemixtem und mit Honig und Obst verfeinerte Müsli, das – so Glänzer – „lange sättigt". Die traditionelle Mittagsmahlzeit entfällt. Wenn zwischendurch der Magen knurrt, wird er mit heimischem Obst und mit Kräutertees besänftigt. Abends gibt es zum Beispiel Wildkräuter roh oder gedünstet, heimische, sonnengereifte Tomaten, als Eiweißbeigabe Schafskäse. Bei all dem bleibt aber auch Raum, um im Kreis von Freunden auch das eine oder andere Glas Rotwein zu probieren. „Das schadet meiner Gesundheit nicht", hat Glänzer registriert, der sich als Bewegungsmensch bezeichnet. Lange Wanderungen gehören zum täglichen Programm.

Was er übernommen und neu entdeckt hat, gibt Glänzer in seinen Vorträgen weiter – besonders gern an Kinder. Ihre von reichlich Süßigkeiten und Fast-Food gelähmten Zungen sollen lernen, dass es auch andere Geschmacksrichtungen gibt, die von gesundheitsförderlichen Bitterstoffen geprägt sind. In Vorbereitung ist eine Broschüre, die essbare Wild-, Heil- und Gewürzkräuter, die im Naturpark Hessischer Spessart gedeihen, ihre Inhaltsstoffe und Wirkungsweise vorstellen wird. Und müden Männern weiß Glänzer zu schildern, welcher heimischen Kräuter es bedarf, um auch jenseits der 60 überaus munter und vital zu bleiben.
Neugierig geworden? Eberhard Glänzer gibt gern sein Wissen weiter. Die Naturparkverwaltung vermittelt den Kontakt zu ihm.

Ein Rezeptvorschlag von Eberhard Glänzer:

Wildkräuterverzehr in vielfältigster Art wird immer beliebter, weil viele Menschen inzwischen wieder die „Geschenke" der Natur für Gesundheit, Vitalität und allgemeines Wohlbefinden schätzen.

Brennessel-Suppe „Hufeisenhof"
Zutaten: 1/2 Pfund frische Brennesselblätter,
2 gewürfelte Tomaten, 1 mittlere Zwiebel, 1 EL Butter, 1 Ltr. klare Gemüsebrühe, geröstete Weißbrotwürfel, Gewürze (nach Geschmack, z.B. Muskat), Pfeffer aus der Mühle, Ursalz.
Zubereitung:
Zwiebel klein schneiden, im Topf Butter schmelzen, Zwiebel darin glasig andünsten, Brennnesselblätter und Tomaten hinzu fügen und weiter leicht dünsten, klare Gemüsebrühe dazu, 10 Minuten leicht köcheln, pürieren, mit Gewürzen, Ursalz, Pfeffer abschmecken und mit den gerösteten Weißbrotwürfeln servieren.
Abwandlung: Die Suppe kann auch auf Kartoffelbasis zubereitet werden.
Wer alle Vitamine erhalten möchte, sollte sie nur essgerecht erwärmen (bis maximal 60 Grad).

Hölzer Lipps Ururenkel lauern im Tann

Die Spessarträuber von Mernes spannen ihr Katapult – einst eine stille Waffe der Wilderer, heute zum Zielschießen mit Golfbällen.

Sie waren üble Schnapphähne. Der Hölzer Lipps, der Schwarze Bartels und auch der romantisch verklärte Peter von Orb. Die Ururenkel sind heute eine Touristenattraktion: die Spessarträuber. In ihrer dezenten Form mit Sitz in Mernes, in der etwas rustikaleren Fassung mit Zentrum in Lohrhaupten.

Das einstige Geschehen in der bitterarmen, aber von wichtigen Handelswegen durchzogenen Mittelgebirgslandschaft, die heute Naturpark ist: Arme Teufel aus dem kargen Höhenland, Krüppel nach den Gemetzeln im Dreißigjährigen Krieg und anderen Heerzügen griffen in der Überzeugung, gerecht zu handeln, bei der damaligen „upper class" Gut und Geld ab.

„Sie mussten sich ja irgendwie über Wasser halten", schildert Otto Desch der Räuber gnadenloses Handeln. Der das heute erzählt, ist der Merneser „Oberräuber". Er blickt in die Geschichte, nennt die Namen der legendären Schnapphähne. Der Hölzer Lipps räuberte auf der Birkenhainer Straße und auf dem Eselsweg. Dieser Räuberhauptmann wurde von bayrischen Soldaten gestellt und endete mit seinen Konsorten am Galgen. Ein Übeltäter mit vielen Gesichtern war Johann Adolf Hasenstab. Nach vollbrachter Tat verwandelte er sich den Überlieferungen nach mal in einen Mönch, mal in einen Bürsten- und Besenbinder oder versprach auf Märkten als Quacksalber die Heilung von allerlei Gebrechen. Hasenstabs Ende: Er ist als Wilderer erschossen worden.

Die übelste Tat des Schwarzen Bartels, der aus Villbach stammte: Er erschoss beim Wildern einen Orber Förster.

Otto Desch weiß auch die Sage um Peter von Orb zu interpretieren: Weil dieser es als Räuber und Wilddieb zu arg trieb, setzte der Bayernkönig Soldaten in Marsch. Sie stellten ihn als vermeintlich harmlosen Kleintierhalter, der im Schubkarren Hasen- und Ziegenfutter heimwärts schob. Allerdings: Unterm Grünzeug war ein gerade gewilderter Rehbock versteckt. Desch streut auch ein, dass Wilddieberei und Holzfrevel noch bis zum letzten Weltkrieg im Spessart gang und gäbe waren und die Förster gut beraten, zu Hause zu bleiben, wenn sich die Burschen zu einer inoffiziellen Treibjagd sammelten.

Die Spessarträuber heute: In Mernes waren das zuletzt Otto Desch, Hans Wolf, Helmut Freund, Hermann Walz, Lothar Röder und bisweilen auch Annabell Desch. Sie bitten zum Räuberexamen und es kommen Bänker und Börsianer, Vereinsgruppen, Freizeitgemeinschaften und auch Familien. Sie können das Examen im Rahmen eines Pauschalangebotes buchen.

Da die Merneser Räuber nun auch über eine eigene Schutzhütte verfügen, kann bei jedem Wetter examiniert und dadurch ermittelt werden, wer Räuberbraut und Hauptmann wird. Die Disziplinen: mit einem Katapult zielgenau schießen (Golfbälle dienen als Kugeln), nach Zeit Baumstämmchen sägen, Holz aufstapeln, mit durch Gumminoppen abgestumpften, so genannten „Saufedern" nach einem (hölzernen) Keiler zielen, ein Fuhrwerksrad leicht bergab rollen, ohne dass es kippt. Dazu kommt der Räubertrunk: einhändig aus der Fünfliter-Korbflasche Apfelwein süffeln.

Neben der Praxis verlangt das Räuberexamen auch Theorie. Punkte gibt es auch für die richtigen Antworten auf einige scherzhaft gemeinte Fragen.

Das Kontrastprogramm: Entsetzensschreie an einem wunderschönen Sommernachmittag. Nichtsahnend wandert eine Gruppe von Kempfenbrunn zur Ziegelhütte nahe Lohrhaupten. Und dann das: Vermummte Gestalten brechen aus dem Gebüsch, schreien markerschütternd, gestikulieren wild. Ein Gewehrschuss knallt. Die Wanderer werden vor die Alternative gestellt: Sie liefern entweder all das, was sie an Wertsachen besitzen, ohne Gegenwehr ab oder werden an der nächsten Eiche aufgeknüpft und dann „postmortal" ausgeraubt.

Die Lohrhauptener Spessarträuber sind in Aktion – mit geschwärzten Gesichtern, im Räuberdress und nicht nur mit Schießprügeln jeder Art ausgestattet, sondern

Viel Hallo beim rustikalen Überfall der Räuber von Lohrhaupten: Die „Opfer" müssen auf die Bank, der Trichter wird angesetzt. Durch ihn gluckern „Sautropfen".

auch mit Messern und dem schmerzhaftetesten aller Dentisteninstrumente: einer Zahnziehzange – der Goldzähne der Opfer wegen.

Da keiner aus der Gruppe hängen will, solidarisieren sich die Wanderer mit der finsteren Schar. Das deshalb notwendige Ritual: auf einer Bank hinstrecken, den Mund weit öffnen, damit der Trichter angesetzt werden kann. Durch ihn tröpfelt Schnaps („Sautropfen" mit 36 Volumen-Prozenten) in die Münder der neuen Kollegen. Und als Zeichen dafür, dass sie sich nun auch räuberisch verhalten und ihre Kumpane nicht verraten wollen, werden ihnen mit einen angekokelten Korken schwarze Streifen ins Gesicht gemalt.

Die Lohrhauptener Spessarträuber sind ein Team des dortigen Heimat- und Verkehrsvereins und treten immer im Sextett auf. Zum Team des „Räuberhauptmannes" Günter Glück gehören die „Räuberhauptfrau" Conny Weber, Siegfried und Margot Rähmisch, Adam Freund, Hans Hens, Adalbert Freund, Marcel Jähnsch, Jürgen Bernstein, Margarete Krug, Dieter Kriegsmann und einige „Springer", wenn besonders viele Überfälle reichlich Räubereinsatz erfordern.

Die Saison für die Räuber dauert von Ostern bis Mitte November. Sie überfallen nach Bestellung auch mal einen Bus und außerhalb ihrer Saison im Winter ein Gasthaus.

Von Günter Glück erfahren wir, dass nach dieser Art im Flörsbachtal und auch in benachbarten Spessartregionen seit 1987 „überfallen" wird. Jetzt werden die Räuber bis zu 50-mal im Jahr gebucht.

Zarte Kelche im rauen Gras

Zarte, intensiv leuchtende Kelche sind durch das raue Gras der Halbmagerrasenflächen gebrochen: Die Küchenschelle blüht.

Er zählt die Häupter seiner Lieben. 1987 waren es 156. 1995 gab es ein Boomjahr. Hermann Schmitt kam auf 790. 2000 waren es dann nur noch 587, im Jahr darauf höchst bescheidene 330. Im zwar kühlen, aber reichlich sonnigen Frühjahr 2002 waren die zarten Kelche zu vielen Hunderten durch das raue Gras gebrochen. „Das sind eben periodische Schwankungen, möglicherweise eine Folge davon, dass Schafe die Blüten abgeweidet, vielleicht Rehe daran genascht haben", erklärt der Küchenschellen-Experte. Der Bestand dieser faszinierenden, höchst seltenen, auf spezielle Böden angewiesenen Pflanzen kann dennoch als stabil gelten – im Nordosten des Main-Kinzig-Kreises und am Rande des Naturparks, wo der Spessart in die Rhön übergeht: rund um das ehemalige Eisenbahnerdorf Elm. Hermann Schmitt hat ein waches Auge auf seine Lieben und freut sich: Aufklärung hat geholfen. Es wird nicht mehr auf Teufel komm raus ausgegraben, um dem eigenen Garten besonderen Schmuck zu geben. Küchenschellen-Wildwuchs mickert nämlich dort, wo er nicht das angestammte Umfeld findet. Da gedeihen die in vielen Pflanzenmärkten und Gärtnereien für ein paar Euro erhältlichen Zuchtformen dieses Frühblühers üppig – und sie sind genauso schön, wie die wilden Exemplare. Der gelernte Landmaschinenschlosser, Ex-Betriebshandwerker und -Betriebsratsvorsitzende und ehemaliger Ortsvorsteher in Elm war die Triebfeder des 1985 gegründeten Vereins der Naturschutzfreunde Elm, ein Ortsteil der Bergwinkelstadt Schlüchtern.

Als Kommunalpolitiker wurde Schmitt mit der Flurbereinigung konfrontiert. Was sich da anbahnte, motivierte den seit je her mit dem Obstanbau und der Orchideenbeobachtung beschäftigten, jetzigen Rentner dazu, „noch mehr für die Natur zu tun". Sein und seiner Vereinsfreunde Pflegefall: die Halbmagerrasenfauna, das Grünzeug auf jenem Areal, das während der Eiszeit geprägt wurde, von Muschelkalk bestimmt ist und natürlich gedieh, als in Elm noch die so genannte „Kuh des kleinen Mannes“ in fast jedem Haus half, die Ernährung zu sichern. Im Dorf gab es zwei Ziegenböcke und reichlich Ziegen. Sie zogen über die landwirtschaftlich anderweitig kaum nutzbaren, weil ertragarmen Flächen, fraßen nicht nur das Gras weg, sondern auch die aufkeimenden Bäume, hielten die Hecken kurz. Die Ziegen sind „out“. Die heute auf den Flächen grasenden Schafe und bisweilen auch Kühe sind bei ihrer Nahrung wählerischer und verschmähen Holziges. Also: Der Heimat der Küchenschelle drohte die Verbuschung. Dort, wo das Gehölz hochkommt, weicht der Frühblüher.

Die Aufgabe der Naturschutzfreunde: für diese rare Pflanze den Lebensraum erhalten.

Die Halbmagerrasenflächen ziehen sich vom Distelrasen bis nach Steinau, wo die Wachholderdrifte magisch die Blicke der Autofahrer anziehen, die die Kinzigtalautobahn passieren. Wo der Muschelkalk an die Oberfläche kam, waren einst Steinbrüche, wurden Baustoffe für die Häuser, Schotter für die Befestigung der Höfe gefördert. Alte Flurnamen signalisieren den Wert der Flächen. Sie hießen „Unnütz“ oder „Distelacker“ sind es aber heute nicht mehr. Die Halbmagerrasenfauna ist ein biologisches Kleinod, weil faszinierend vielgestaltig. Hermann Schmitt zählt auf, was neben der Paradeblume Küchenschelle alles blüht: sehr zeitig im Jahr reichlich Huflattich, Annemone und Waldwindröschen, in dichten Horsten die Wiesenschlüsselblumen, viele Arten von Orchideen, die Kuckucksblume, Akelei und Wiesensalbei, der Deutsche und Gefranste Enzian, natürlich auch weiterhin die Golddistel und sehr viele andere Kräutlein mehr.

Was so bunt und üppig blüht, lockt viele Falter an. Der Kleine Fuchs ist hier ebenso häufig wie allerlei Arten des Bläulings, Pfauenauge und Schwalbenschwanz umgaukeln Küchenschelle & Co. Es gibt viele Kleinsäuger, die der Schleiereule das Auskommen garantieren, dem Turmfalken und dem Roten Milan. Wenn die Sonne die Flächen aufheizt, stimmen die

Hermann Schmitt zählt die Häupter seiner Lieben.
Viele Hundert Küchenschellen blühen rund um Elm.

Grillen ihren Chor an. Blindschleiche und Schlingnatter, Zauneidechse und andere Kaltblütler werden dann richtig krekel und fidel.
Damit es in diesem Bereich so bleibt, wie es derzeit ist, sind viele Grundstücke für die Natur reserviert worden. Die Naturlandstiftung hat sie gekauft und steuert auch die in den Naturschutzrichtlinien bestimmten Pflegemaßnahmen, die Beweidung durch Schafe, das Mähen möglichst spät im Jahr. Hermann Schmitts Naturschutzfreunde flankieren diese Landpflege und hatten darin inzwischen reichlich Routine. An Anfang haben sie Hand an die hochwachsenden Bäumchen und Hecken gelegt und sie aus den Boden gerissen oder mit Haushaltsscheren den Wildwuchs entfernt. Und blicken interessiert hinauf zum Ebersberg. Er ist bereits zum Teil frisch entwaldet und entbuscht. Wie entwickelt sich dort die Fauna?
Die Erfahrung der Naturschutzfreunde lehrte außerdem: Eine Fläche des Distelackers muss sogar zweimal im Jahr gepflegt werden. Schonend gemäht wird, wenn die Frühblüher und die Orchideen gesamt haben. Das sorgt dafür, dass im Herbst die Enzianarten gut hochkommen und üppig blühen. Spät im Jahr muss dann die Enzianwiese gemäht werden, damit im Frühjahr gerade die Küchenschelle wieder ihre zarten Kelche durch das raue Gras schieben und faszinierend blühen kann.

Nationales Kulturgut am Ufer der Sinn

Die 100 000-Euro-Frage: Was eint das Kiebitzei, die Kuckuckslilie, die Storchenblume, die Perlhuhntulpe, das Haselhuhnkraut, den Schlangenkopf und das Totengräberglöckchen? Wer es weiß, ist topfit in der Botanik. Wer es nicht weiß, dem helfen wir: All dies sind Namen für die Schachblume, ein nationales Kulturgut am Ufer der Sinn, also am östlichen Rand des Naturparks Hessischer Spessart.

Damit dieser Schimmer vom verlorenen Paradiesgarten auf Dauer erhalten bleibt, ist eine energische Frau angetreten: die Marjosserin Irmgard Schultheis, die im Main-Kinzig-Kreis Naturschutzgeschichte geschrieben hat. Sie war die erste Frau an der Spitze des Naturschutzbeirates des Großkreises, die erste Frau im Vorstand der Hessischen Gesellschaft für Ornithologie und Naturschutz (HGON). „Und all das, weil mir das Engagement für die Natur angeboren ist." Sie streitet mit Elan für den Schutz einzigartiger Natur im hessischen und bayrischen Spessart: das letzte größere Schachblumengebiet Mitteleuropas.

Darüber freut sich Irmgard Schultheis: Dicht an dicht blühen im Sinntal die anderswo in Hessen nirgends zu findenden Schachblumen.

Woher kommen die dichten, im späten April und Anfang Mai üppig blühenden Bestände dieser Blume, deren Kelch wie ein Schachbrett gemustert ist, die es in Zuchtformen und zur Bereicherung von Hausgarten gibt und der keck aufragenden Kaiserkrone verwandt ist? Die „Fritillaria meleagris", wie ihr lateinischer Name lautet, ist eingewandert, findet auf den konstant feuchten, von speziellen Mineralien geprägten Auewiesen in diesem Spessarttal ein glänzendes Auskommen und deckt viele Hektar Grünland vom noch hessischen Altengronau bis weit in die bayrischen Sinnregionen hinein. Irmgard Schultheis weiß zu berichten: Es gibt Kunde davon, dass die Schachblume von den Klostergärten am griechischen Berg Athos Eingang in unsere Kulturlandschaft fand, sich dort ausgebreitet hat, wo ihr der Standort zusagte. Eine andere Spur: die Schachblumenvorkommen am Ufer der Loire, die 1572 erstmals beschrieben wurden. Blumenverliebte weltliche und geistliche Herrscher ließen diese prachtvoll blühende Pflanze in ihren Parks heimisch machen. Es gibt Beschreibungen von Rabatten mit Schachblumen im berühmten Garten von Eichstätt. Ob sie auch im Barockgarten der Residenz in Würzburg, im Rokokogarten von Veitshöchheim und im Thüngenschen Schlossgarten in Zeitlofs standen, ist nicht bewiesen, aber aus dem Geist der Zeit heraus denkbar. Stand also in Zeitlofs die Wiege der nun wilden Sinntal-Schachblumen? Sind ihre schwimmfähigen Samen den Fluss hinabgetrieben und dadurch in ihre neue Heimat gelangt?

Die Schachblumen sind, weil in Hessen anderswo nirgends zu finden und im übrigen Deutschland sehr selten und höchst verstreut, Hätschelkinder der Naturschützer und schon 1993 in den Blickpunkt der Öffentlichkeit gerückt: als Blume des Jahres. Dies war auch dringend notwendig. Beobachtungen in der Zeit von 1950 an hatten ergeben, dass der Bestand an Schachblumen auf nur noch drei Prozent ihrer ursprünglichen Zahl zurückgegangen war, weiß Irmgard Schultheis.

In Altengronau und den anschließenden bayrischen Sinntal-Gemeinden hat sich die Bewertung der Schachblume gewandelt. Noch in den fünfziger Jahren des letzten Jahrhunderts war es hier Brauch, zum Muttertag dicke Sträuße dieser „Fritillaria“ zu verschenken.

Und wie behandelt der aufgeklärte Mensch des 21. Jahrhundert dieses einmalige Kulturgut? Fast alle beherzigen den Grundsatz: Bücken ist erlaubt, um die zarten Glöckchen mit ihrer feinen Zeichnung ganz nah zu sehen. Pflücken ist hingegen eine Sünde. Das steht auch auf den Markierungstafeln für die verschiedenen Naturschutzgebiete, die die Schachblumenwiesen umfassen. Wer sie sehen will, findet diese Perlhuhntulpe auch direkt am Wegesrand: eine Armlänge entfernt vom Sinntal-Radweg zwischen Jossa und Mittel-

sinn einen überaus üppigen Bestand, der möglicherweise durch den Neubau der dortigen Landesstraße entstand. Beim Erdarbeiten wurden Knollen der „Fritillaria meleagris“ geballt in die Straßenböschung eingebaut.
Unverkennbar ist der Stolz im Sinntal auf diese einmalige Pflanze. Am letzten Aprilwochenende wird im bayrischen Obersinn ein längst traditionelles Schachblumenfest mit Bierschwemme und Blasmusik gegeben. Am ersten Maisonntag feiern die Landfrauen in Altengronau diese Schachblume.
Es gibt beidseits der Landesgrenze weitgehende Übereinstimmung, diese Bestände durch gezielten Naturschutz zu erhalten. Die Schachblumenwiesen werden nur noch extensiv bewirtschaftet. Das bedeutet: Vor Ende Juni wird nicht gemäht. Dann ist für ein weiteres Jahr der Lebenszyklus dieser Spezies gesichert. Die Blüten sind verwelkt, die Samen gereift und ausgestreut, in bis zu 20 Zentimetern Tiefe sind Brutzwiebeln für die nächste Generation gebildet.
Irmgard Schultheis freut sich darüber, dass heute die Menschen im Sinntal und die vielen zur Blütezeit oft von weit her anreisenden Bewunderer die Schachblumenbestände mit respektvoller Freude genießen. Die Bestände sind stabil und nur in Gefahr, wenn sich der Unfug früherer Jahre wiederholt: der Naturschutz für die Flächen fällt, sie wieder intensiv bewirtschaftet und entwässert werden, wenn sie brach fallen und damit verbuschen – oder wenn es zu gravierenden Eingriffen in die Natur kommt.

Ein zarter Kelch, der wie ein Schachfeld gezeichnet ist: die im Sinntal häufige Schachblume, eine Besonderheit der Flora im Naturpark Hessischer Spessart

Schützende Hand fürs Knabenkraut

Schützende Hände für schützenswerte Pflanzen: Jürgen Chorus und ein prachtvolles Exemplar des Breitblättrigen Knabenkrautes

Eine Trittspur durch die von unzähligen Butterblumen und Margeriten gelb-weiß gesprenkelte Frühsommerwiese. Der Boden ist noch weich und matschig. Kein Wunder. Mehrmals im Jahr wird dieses Grasland am Ufer der Kinzig nahe Gelnhausen überschwemmt, ist also auch im Mai und Juni noch tropfnass. Bis hier das Gras geschnitten werden kann, bedarf es noch vieler trockener Tage. Und das ist gut so. Die hier in das Grün-Gelb-Weiß eingestreuten Perlen der Natur haben für ein weiteres Jahr Bestandsgarantie – heimische Orchideen.

Ortstermin auf einer nicht unter Naturschutz stehenden Wiese am Rand Gelnhausens, die traditioneller Standort eines der Knabenkräuter ist, nämlich der breitblättrigen Spezies. Jürgen Chorus, Orchideenfreund und Naturpark-Waldführer, weist den Weg zu dieser Wiese und registriert: „ Bis hier gemäht werden kann, haben die Orchideen ihre Samen gebildet. Spätestens beim Heuschnitt werden sich die Samenkapseln öffnen.“ Ergo: Hier haben die Knabenkräuter ein vorerst ewiges Leben.

Dieser Bestand ist ein Mosaiksteinchen der nach Angaben von Chorus weltweit 25 000 Arten zählenden Orchideenfamilie, die in 600 Gattungen eingeteilt ist. Bücher über diese Spezies füllen Bibliotheken. Eine Wissenschaft für sich sind die komplizierten Lebensgemeinschaften zwischen Bodenpilzen und Orchideen, die die Keimung eines Samens und die Entwicklung der Pflanzen zu einem Glücksspiel werden lassen, bei dem eben alle Bedingungen stimmen müssen. Orchideen sind abhängig von Insekten und speziellen Bodenverhältnissen, Gründe dafür, dass sie zu den seltenen Pflanzen gehören. Das Artenspektrum reicht von Sonnenkindern, die von prallem Grün und strahlenden Blüten geprägt sind bis zu bleichen, nur mit höchst geübtem Blick erkennbaren Schattenpflanzen.

Eines eint alle: Sie erfreuen das Auge des Pflanzenfreundes, so auch von Jürgen Chorus, der in Rothen-

bergen zu Hause ist. Der Rentner kam über sein Hobby, die Naturfotografie, zu dieser Pflanzenfamilie, hat sich der „Arbeitsgemeinschaft Heimischer Orchideen“ (AHO Hessen) angeschlossen und überwacht zusammen mit anderen Naturfreaks die vorhandenen Bestände und ihre Entwicklung im Main-Kinzig-Kreis.
Und er unterstreicht die Arbeit der AHO mit diesem Hinweis: Bisweilen hat die Kenntnis von Orchideenbeständen und deren Dokumentation gravierende Folgen. Geplante Verkehrswege und Siedlungen geraten auf die Kippe, wenn sie dort geplant sind, wo die seltenen, allesamt geschützten Pflanzen ihren angestammten Standort haben.
Ihre volle Pracht entfalten die heimischen Orchideen während ihrer Blütezeit von April bis September. Weil diese Familie so artenreich ist, sind sie auf feuchten Wiesen beidseits der Kinzig und ihren Nebenbächen zu finden, in der Nähe von Teichen und Tümpeln, aber auch in den Kalkbuchenwäldern im Bergwinkel, auf Kalkmagerrasen im oberen Kinzigtal, auf Waldwiesen. Chorus schüttelt einige der im Bereich des Naturparkes Spessart kartierten Arten sozusagen aus dem Ärmel: die diversen Arten des Knabenkrautes, Rag- und Ständelwurz, Waldvögelein, der höchst seltene, im Osten des Naturparks vorkommende Frauenschuh (Orchidee des Jahres 2002), die Vogelnestwurz, die Herbstwendelähre und die violettrote Sumpfwurz, die als Letzte im Jahr blüht.
Chorus hat über die Jahre registriert, dass die von ihm beobachteten Bestände rückläufig sind. So durch Regen, der von Schadstoffen geschwängert ist, die viele, auf karge Nahrung spezialisierte Arten überdüngen, also regelrecht tödlich „verfetten“ lassen. Gefahr für diese Pflanzen drohen auch durch die intensive Landbewirtschaftung. Gülle ist für sie Gift, tüchtige Gaben von Mineraldüngern, ein Grasschnitt schon im Mai, der das Aussamen verhindert. Eine weitere Gefahr: wenn Gartenfreunde glauben, sie könnten mit draußen ausgegrabenen Pflanzen ihre Parzelle schmücken. Chorus: „Das ist zwecklos.“ Viele Orchideenarten bilden eine Symbiose (Lebensgemeinschaft)

Der Frauenschuh ist die bekannteste heimische Orchidee.

mit an ihrem natürlichen Standort vorhandenen Pilzen. Die fehlen im Garten daheim. Also verkümmert die Pflanze.
Chorus Arbeit fließt in die Gesamtsicht der AHO Hessen ein. Dazu Ortwin Heinrich, Büdingen, der die Kartierungsstelle dieser Organisation mit betreut: „Orchideen sind wichtige Bioindikatoren. Wo sie vorkommen, kann man von weitgehend ungestörten Bodenverhältnissen ausgehen.“ Die Kartierungsstelle hat 50 000 Datensätze gespeichert. Jeder ist ein Steckbrief über ein Vorkommen und dessen Entwicklung.
Die AHO kooperiert mit den Naturschutzverbänden, mit den Naturschutzbehörden, mit den Forstämtern und verfolgt das Ziel, schützenswerte Lebensräume zu erfassen und zu erhalten.
Die Situationsanalyse der Arbeitsgemeinschaft: Die Wiesenstandorte sind durch intensive Düngung und Landnutzung extrem gefährdet. Den Waldarten geht es hingegen besser, solange der Forst ein von locker stehenden Laubhölzern geprägtes Bild bietet und nicht zur Fichtenplantage verkommt.
Wie bei den Schachblumen- und Küchenschellenvorkommen im Naturpark gilt auch für die Orchideenstandorte: Der Naturfreund darf sich bücken, sie anschauen und bewundern. Pflücken (oder Ausgraben) ist hingegen keineswegs nur ein Kavaliersdelikt. Damit die Knabenkräuter und ihre Artverwandten auch in Zukunft einen überaus attraktiven Beitrag zur Artenvielfalt im Naturpark leisten können, stehen sie überall unter Naturschutz.

Wo die Stinkende Nieswurz explodiert

Im Planquadrat X ist die Stinkende Nieswurz schier explodiert. Hunderte von Pflanzen sind auf engem Raum schon zu allerfrühester Jahreszeit voll in der Blüte. Stattliche Pflanzen, deren pralles Grün einen wirkungsvollen Kontrast zu den noch an den Zweigen hängenden, vorjährigen Buchenblättern bilden.

So ist es erst seit ein paar Jahren, seit die Sonne diese Fläche wieder nahezu ungehindert bestrahlen kann. Darüber freut sich Reinhard Lukas, in seiner damit komplett ausgefüllten Freizeit der Chefbotaniker aus den Reihen des Rodenbacher Vogel- und Naturschutzvereins, ein profunder Kenner einer besonderen Flora: der Pflanzengesellschaften auf den Kalkböden.

Diese drängen an mehreren Stellen im mittleren Kinzigtal an die Erdoberfläche, die einst als Steinbrüche genutzt wurden, und nun zurück in ihren ursprünglichen Naturzustand fallen. Und das gibt vielen, sehr selten gewordenen und vom Aussterben bedrohten Pflänzchen wieder Lebensraum – wenn der Mensch steuernd eingreift.

Diese „Kalkinseln" sind im Erdzeitalter Perm entstanden, das unermessliche 220 bis 280 Millionen Jahre zurückliegt, von Urmeeren geprägt war, von Kali- und Salzablagerungen, das Zechstein und Rotliegendes geschaffen hat. Exemplarische Kalksteinflächen im und nahe dem Naturpark finden sich in Rodenbach, wo das Ortsbild von dem auf diesen Inseln einst gebrochenen Kalksteinen (Ortsmauer und Klosterruine Wolfgang) auch heute noch geprägt wird, im Rückinger Oberwald, in Altenmittlau, dessen Kalksteinbruch bis in die jüngste Zeit begehrtes Baumaterial lieferte, im Bereich Hailer. Die dortige, gewaltige Mülldeponie ist in einem alten Kalksteinbruch entstanden.

Unbeschatteter Kalksteinboden ist extrem trocken. Seine Flora: Pflanzen, die anspruchslos sind, dürsten können. Deckt Wald den kalkigen Untergrund, dann siedeln sich Gewächse an, die auch einmal „feuchte Füße" vertragen können. Die Besonderheit: In diesem

Seit sie wieder Licht hat, ist sie regelrecht explodiert: Reinhard Lukas und eine Stinkende Nieswurz, die in voller Blüte steht.

Areal ist Vegetation das ganze Jahr über zu entdecken. An frühen Frühlingstagen besonders die geheimnisvolle Stinkende Nieswurz. Die mehrjährigen Pflanzen schießen bis zu 80 Zentimeter der Sonne entgegen. Sie grünen so grün, dass sie von den sie umrankenden Moosen, dem späteren Grün der Baumblätter, Gras und anderen Pflanzen kaum zu unterscheiden sind.

Und warum Stinkende Nieswurz, wenn dem Betrachter kein übler Duft entgegenschlägt? Alle ihre Pflanzenteile sind giftig. Deshalb ist sie sicher Bestandteil mittelalterlichen Hexengebräus gewesen. Also „stank" dem Normalmensch diese Nieswurz.

Das Planquadrat X war einmal dichter Fichtenwald. Allerdings: Die Bäume fanden hier einen höchst ungeeigneten Standort. Sie sind mickrig gewachsen. Der Borkenkäfer hat die Rinden angebohrt, Stürme haben die Bäume gezaust. Jetzt ist das natürliche Verfallsdatum gekommen. Die Folgen: Die Bäume brechen zusammen. Es wird wieder lichter.

Reinhard Lukas hat protokolliert: Noch vor zehn Jahren waren drei Pflanzen zu finden, die selten einmal zur Blüte kamen. Jetzt sind es viele Hundert. Der Hobbybotaniker: „Das ist der ideale Nieswurzstandort. Sie fühlt sich hier sauwohl."

Und das trifft auch für andere kalkliebende Blümlein zu: Die optisch sehr viel interessantere Küchenschelle reckt ihre dicht behaarten Blütenknospen aus dem Boden. An vielen Stellen sind schon zeitig im Frühjahr die Blattrosetten der Orchideen zu entdecken.

Lukas zählt auf, was da alles hier und auf den anderen Kalkinseln häufig oder selten vorkommt: Stattliches und Kleines Knabenkraut, Helmknabenkraut, das Große Windröschen, die Grünliche und die Zweiblätt-

rige Waldhyazinthe, Graslilien, Flockenblumen, Fliegen- und Bienenragwurz, Akelei, Mondraute, Trauben-Margerite, etliche Enzianarten, und, und, und ...
Das Planquadrat X ist auf dem Weg zurück zur Ursprünglichkeit, auch weil die Forstleute begriffen haben, dass der Wald ja nicht nur dazu da ist, um Holz zu produzieren. Und die auch tolerieren, dass gefallene Bäume liegen bleiben und vermodern dürfen – als Brutstätte von Pilzen, Unterschlupf von Insekten, die wieder Vögel nähren, die wiederum Nahrung für Räuber bilden. Eine Sonderrolle haben die Pilze: Sie ebnen den Orchideen Keimung und Blütenpracht und sind Voraussetzungen für die Wintergrüngewächse, den Fichtenspargel zum Beispiel.
Allerdings: Nieswurz & Co. haben in unseren Tagen nur eine Chance, wenn der Mensch hilft. Im Planquadrat X wird – weil keine Schafe und Ziegen mehr über das Gelände ziehen und die Konkurrenzpflanzen der Raritäten abgrasen – einmal im Jahr im Spätherbst gemäht. Der für dieses Naturschutzgebiet aufgestellte Pflegeplan gibt das vor. Auch, dass sich Naturfreunde tief bücken und den immer wieder nach den schützenswerten Flächen greifenden Adlerfarn ausreißen. „Ohne menschliche Hilfe holt sich der Wald die Flächen zurück, werfen Büsche und Bäume bald Schatten und dezimieren die Artenvielfalt“, erklärt Reinhard Lukas.
Und warum reden wir hier nur von einem Planquadrat X? Weil es immer noch Leute gibt, die kreuz und quer durch derartige Refugien der Natur trampeln, die Kräutlein platttreten oder sie in der Hoffnung auszugraben, dass der eigene Garten damit ein besonderes Flair bekommt. Doch hier fehlen die gleichen Wachstumbedingungen wie auf den Kalkinseln. Die Beute verendet.

Schöne Blume der größte Schatz

Die schöne Blume am Beilstein: die Türkenbundlilie.

Tief im Basalt soll ein schimmernder und schillernder Schatz ruhen, Gold und Diamanten satt. Wer sich in Raffgier davon blenden lässt, übersieht den viel näher liegenden Reichtum: die schöne Blume, so schön, wie eine liebliche Maid ...
Die freie Interpretation einer Sage aus dem Spessart, die sich um einen einzigartigen Flecken Erde rankt: den Beilstein am Ortsrand von Lettgenbrunn. Die schöne Blume? Sicher die Türkenbundlilie, nur hier, im Bereich des Madsteins und des Hohen Berges im Orber Stadtwaldbereich existenzfähig und eine besonders schützenswerte Rarität der Flora im Naturpark Hessischer Spessart.
Hüter dieses Schatzes sind weit zurückreichende Verordnungen. Schon 1905 ist der Beilstein als Naturdenkmal ausgewiesen worden, 1930 als Naturschutzgebiet. 1977 sind die Bestimmungen modernisiert worden – wegen der besonderen Bedeutung dieses Gebietes für Geologie, Fauna, Flora und Kulturgeschichte.
Das weiß Klaus-Peter Lordieck zu berichten, Diplom-Forstingenieur und im Rang eines Forstamtmannes Revierbeamter mit Zuständigkeit für das Revier Villbach (Hessen-Forst/Jossgrund). Und damit Herr über den hoch über das Jossatal ragenden Felsen, eben den Beilstein. Seine geologische Besonderheit: Hier hat Basalt vulkanischen Ursprungs den ansonsten im Spessart dominierenden Sandstein im Zuge von Verformungen der Erdkruste durchbrochen, zeigen sich Wellenkalkschichten, also Muschelreste, die auf das in ferner Vorzeit die Täler des Spessart überschwemmende Urmeer hinweisen.
Der Basalt zerfällt nur langsam. Es entsteht der „Ranker“, ein Verwitterungsboden, der die Feuchtigkeit speichert, auf dem durch die im Herbst von den Bäumen rieselnden Blättern und aus der absterbenden Krautschicht Humus entsteht, der zur fetten, schwarzkrümeligen Erde wird. Und die braucht die Türkenbundlilie, der auch die 1 000 Millimeter Niederschlag

gut bekommen, der pro Jahr durchschnittlich in diesem Bereich fällt. Mit den geologischen Besonderheiten korrespondiert die Flora. Besondere Kostbarkeiten sind hier das Graugrüne Weidenröschen, die Frühlingsknotenblume, das Kleine Wintergrün, die Astige Graslilie, die Färber-Scharte, die Gemeine Pechnelke und eben die Türkenbundlilie.
Sie ist ein Zwiebelgewächs, kann bis zu einem Meter hoch ins Kraut schießen und verdankt ihren Namen den turbanähnlichen Blüten, die eine Besonderheit haben: „Jede ist anders", hat Lordieck beobachtet. Die Gene bestimmen die unterschiedliche Fleckung.
Der besonderen geologischen Verhältnisse wegen und der darauf basierenden Fauna, der davon profitierenden Insekten- und Tierwelt tritt die in der Naturschutzverordnung erlaubte forstwirtschaftliche Nutzung dieses Gebietes in den Hintergrund. Folglich kann rund um die vermeintliche Schatzhöhle tief im Basalt auf knapp sechs Hektar Fläche ein ausgesprochen bunter Laubwald gedeihen, der Stück für Stück auch noch jenes Areal erobern soll, das derzeit noch von Fichten bewachsen wird. Der Revierbeamte zeigt beim Rundgang um den Beilstein Wildkirschen, Berg- und Spitzahorn, Hainbuchen, Bergulmen, Rotbuchen und Linden. Und er schlüsselt die fünf unterschiedlichen Wuchsgemeinschaften auf, darunter als botanisch besonders wertvoll die Felsflur.
Wenn trotzdem einmal am Beilstein die Motorsäge singt, dann nur, um der Verkehrssicherungspflicht zu genügen. Dieses Naturschutzgebiet wird durch einen Rundwanderweg mit Abzweig auf das Plateau erschlossen. Und wer für die Allgemeinheit nutzbare Wege ausweist, muss auch dafür sorgen, dass sie ohne Gefahr für Leib und Leben benutzt werden können. Da müssen morsche Äste abgesägt werden, die als Totholz liegen bleiben und den Lebensraum für zahlreiche Insekten und Pilze bilden.
Die Wege laden dazu ein, die Steilwände mit ihren typischen Basaltformationen zu sehen, den Artenreichtum der Natur zu entdecken und auch die Reste einer mittelalterlichen Höhenburg, die wohl im 13. Jahrhun-

Basalt vulkanischen Ursprungs hat den Spessartsandstein durchbrochen und den Beilstein geformt, ein einzigartiges Stück Natur im Naturpark. Klaus-Peter Lordieck absolviert einen seiner regelmäßigen Kontrollgänge.

dert gebaut wurde und die Handelswege durch den Spessart und die Glashütten beschützte.
Der Augenschein zeigt: Der Beilstein ist ein intensiv frequentiertes Ausflugsziel, an dessen Wänden sich auch illegal Kletterfreaks üben. Trampelpfade quer durch den Wald weisen darauf hin, dass die Regeln des Naturschutzes von Besuchern immer wieder buchstäblich mit Füßen getreten werden. Und das kann dem größten Schatz dieses kleinen Standortes schaden, nämlich der im Juli und August blühenden Türkenbundlilie.

Herrscherin über Macrofungi

„Ich stauch sie zusammen. Das ist doch Waldfrevel." So droht die energische und kompakte Herrscherin über Macrofungi den Zeitgenossen, die wie Schwarzkittel durch den Tann ziehen, alles grabschen und einsäckeln, was da aus dem Boden geschossen ist und ihr dann mit stolzgeblähter Brust in vollen Plastiktüten zur Begutachtung vorlegen, der Pilzberaterin Anni Emde. Sie wäscht den wilden Sammlern tüchtig den Kopf, weil sie – trotz menschlicher Intelligenz – eben in Wildschweinmanier mit der Natur umgehen. Zur Kopfwäsche hat Anni Emde im Spätsommer und Herbst ausgiebig Gelegenheit. In den Spessartwäldern schießen die Blüten und Früchte jener zumeist unterirdischen Fruchtkörper ins Kraut, das der Experte Mycel nennt. In der Küche sind nur die Fruchtkörper verwendbar. Wer die Pilze gedankenlos ausreisst, mit ihnen das im Boden befindliche, spinnwebenartige Geflecht (Hyphen), also die Lebensgrundlage beschädigt, der ist in den Augen der Pilzberaterin eine „Wildsau".

Anni Emde und zwei essbare Riesenpilze: eine „Fette Henne" bzw. „Krause Glucke" und ein Bovist.

Warum dieses drastische Urteil? Die Pilzberaterin hat ein besonderes Verhältnis zu den Schwammerln: In Eckartsberga an der Schnittstelle von Thüringen und Sachsen hat sie von Kindesbeinen an von ihrer behördlich als „Kreispilzsachverständige" bestellten Mutter in der Endphase des Dritten Reiches und der frühen Zeit der DDR erfahren, welche Rolle Pilze in Notzeiten bei der Volksernährung spielen müssen: Sie werden als wertvolles Lebensmittel geadelt und „wie Fleisch eingestuft". Die auch heute noch sächselnde Anni Emde hatte 1957 dem vermeintlichen Arbeiter- und Bauernstaat den Rücken gekehrt. Den Pilzen ist sie treu geblieben und nutzt ihre Kompetenz, um bei Führungen oder bei der Beratung von Pilzsammlern dafür zu werben, wie man die reiche Vielfalt der Macrofungi sinnvoll nutzt und dabei möglichst schonend behandelt.

Das Pilzesammeln in den Spessartwäldern darf niemandem verwehrt werden, wenn die Schwammerln nur für den eigenen Bedarf, also in Maßen, gepflückt werden. Das Ziel des Sammeleifers sind die Pilze mit ausgeprägtem Fruchtkörper, nicht die Microfungi, die meisten der 3 500 in Europa vorkommenden, oft fitzelkleinen Pilzsorten.

Pilze geben den Spessartwäldern in den Herbsttagen besondere Prägung: knallig rot und fast kitschig grell zeigen sich die als giftig geltenden Fliegenpilze.

Von den im Bereich des Naturparks Spessart zwischen Rodenbach und dem Sinntal aus dem Boden schießenden Arten kennt Anni Emde alle, weiß, dass 75 Prozent von ihnen essbar sind, manche ausgesprochene Delikatessen, andere nur nach Vorbehandlung zum Verzehr geeignet.

Also: Ein Viertel der heimischen Pilze sind giftig oder nicht genießbar, weil sie bitter schmecken. Damit sich niemand Leib und Leben mit Pilzen ruiniert, sichtet die Beraterin auf Wunsch die Ernte, sagt dem Sammler, was verzehrbar ist, was nicht. So informiert kann der Pilzfreund wieder abrücken. Die verworfenen Waldfrüchte darf er mit nach Hause nehmen, zum Beispiel die Gallenbitteren Röhrlinge, die er für edle Steinpilze hielt. Anni Emde: „Ich lass mir doch nicht nachsagen, ich hätte gute Pilze für mich behalten."

Ihr reiches Wissen war auch schon in Ernstfällen gefragt: wenn die Krankenhäuser bei Pilzvergifteten nicht mehr weiter wussten, mit welchen Schwammerln sich der Patient „den Schlag gegeben hatte", wie es die Expertin drastisch formuliert. Dann untersucht Anni Emde die hoffentlich noch vorhandenen Reste der Mahlzeit. In einem Fall hat sie sogar eine Dankesurkunde erhalten. Sie konnte den Ärzten sagen, dass der mit dem Tod ringende Mann sich zehn verschiedene Giftpilze einverleibt hatte. Zugleich aber auch Entwarnung signalisieren: Dieser Pilzesser war ein Russe mit Wodka gegerbtem Innerem, gute Voraussetzungen fürs Überleben. Der Mann hat's überstanden und erfreut sich im Linsengericht passabler Gesundheit.

Während der Erntezeit freut sich Anni Emde, wenn ihr ein Sammler in einem luftigen Korb ordentlich geerntete Pilze vorlegt, angedrehte und dann sauber abgeschnittene, noch im Wald gesäuberte Fruchtkörper.

Und sie hat stets den Rat parat: über die Schnittstelle Erde, Laub und Nadeln kratzen. Die Ernte sollte noch am selben Tag zubereitet werden. „Man kann Reste durchaus aufwärmen, wenn das in Töpfen geschieht, die nicht oxidieren“, rät die Gelnhäuserin. Pilze lassen sich, wenn sie blanchiert werden, nach ihren Erfahrungen drei Jahre tiefgefroren aufheben. Wer die Fruchtkörper getrocknet hat, sollte sie kurz vor dem Gebrauch in einer Kaffeemühle zu Pulver zerreiben. „Das macht jede Soße ausgesprochen lecker.“

Anni Emde hat auch einen Tipp parat, wie man schon madige Pilze rettet und aus Fetten Hennen, einer sehr ergiebigen Schwammart, das hier verborgene Krabbelgetier vertreibt: „Fünf Minuten in stark salziges Wasser legen.“

Wer nun glaubt, eine Pilzberaterin habe nur im Herbst Saison, irrt. Schon im Mai geht es in den Spessartwäldern mit Morcheln und den Maipilzen los. Und zum Finale gibt es alljährlich bis in den Winter hinein draußen noch Stockschwämmchen und an altem Buchenholz Austernseitlinge.

Anni Emde können Sie unter der Telefonnummer 06051/2794 erreichen und einen Termin vereinbaren.

Wenn die Bäume Bärte tragen

Den Flechten und ihren winzigen Geheimnissen mit der Lupe auf der Spur: Dr. Ute Windisch erläutert den Naturparkführern Leben und Bedeutung dieser Hungerkünstler.

Wenn Bäume Bärte tragen, lässt es sich gut atmen. Um diese Behauptung zu überprüfen, sind sie mit Messer und Lupe angereist. Naturparkführer aus dem Hessischen Spessart, die sich weiterbilden und fit sein möchten, um Naturinteressierten auch Kleinigkeiten der heimischen Flora zeigen und erklären zu können. Der Studienplatz liegt nahe dem Friedhof in Gelnhausen-Höchst.

Eine Fachfrau zeigt die Bioindikatoren, faszinierende Doppelwesen, die unbestechlich deutlich machen, ob die Luft frisch oder schadstoffschwanger ist. Bei Höchst ist sie frisch, gut atembar. Hier gibt es viele Flechten. Die in Gründau beheimatete Biologin Dr. Ute Windisch hat Vergleiche parat: 1970 war die Luft im Spessart noch reichlich dick, 1993 schon deutlich sauberer. Und im Vergleich zwischen 1993 und dem Januar 2002, wie durch Karten belegt, ist sie „zwei Stufen besser geworden", erfahren die Naturparkführer. Und auch darüber, dass eine permanente Kontrollstelle im Süden von Schlüchtern die im mittleren Kinzigtal gewonnenen Werte erhärtet.

Die Naturparkführer arbeiten sich Lupenblick um Lupenblick detaillierter in die Welt der faszinierenden Hungerkünstler ein. Von der Biologin erfahren sie, dass Flechten Doppelwesen sind, Pilz und Alge zugleich. Sie ernähren sich von dem, was vom Himmel fällt oder aus dem Boden quillt: Wasser und darin gelöste Nährstoffe. Sie ankern als Krustenflechten auf Steinen und sogar auf Beton. Einige Arten krallen sich so fest an ihren Untergrund, dass sie auch mit einem Messer nicht zu lösen sind.

Die Biologin erklärt: Flechten wachsen extrem langsam und stellen als wechselfeuchte Organismen ihren Stoffwechsel der Witterung entsprechend ein: wenn kein Regen vom Himmel fällt, also wenn es extrem trockenkalt ist oder die Sonne erbarmungslos brennt. Rieselt es wieder vom Himmel, leben sie auf.

Weil die Flechte eine Spezies der kargen Landschaften ist, deckt sie weite Flächen auf Island und Spitzbergen und in der Antarktis. Zum Beispiel mit Island-Moos, lange Zeit des Jahres einzige Nahrung der Rentiere. Ein Enzym in ihrem Magen schließt die Flechten auf, macht sie verdaulich.

Dr. Windisch berichtet: Deutschland und damit auch die Spessartregion ist ein bescheidenes Flechtenland. Das Doppelwesen besiedelt die Gebiete, die die so genannten höheren Pflanzen nicht besetzen können, eben Mauern und Dächer, Rinden und Äste von Bäumen. Da Flechten keine Schmarotzer sind, also dem Baum keine Nährstoffe streitig machen, schaden sie Eichen und Kiefern, Buchen und Fichten nicht.

Als Indikatoren sind sie wichtige Bestandteile der Natur im Spessart: Sie spiegeln Sauberkeit oder Belastung der Umwelt. Dr. Windisch: Diese Flechten nehmen mit ihrem Lebenselixier Niederschlag darin gelöste Schadstoffe auf und akkumulieren, also sammeln diese, da die Flechten keine Ausscheidungsorgane haben und sich mangels einer Wachsschicht auch nicht gegen sauren Regen schützen können. Dicke, also an Schadstoffen reiche Luft lässt die Flechten verkümmern. Hohe Ozonkonzentrationen überstehen sie hingegen unbeschadet. Wenn die Sonne vom Himmel brennt, werden sie inaktiv und damit unempfindlich.

Nützen die Flechten zu mehr als nur zum Bioindikator? Die Fachfrau hat Beispiele mitgebracht. Irisch Moos liefert ein Duftwasser mit typisch männlicher Note. Auszüge aus Flechten lösen Husten, liefern antibakterielle Salben.

Die Flechten haben auch eine Signalwirkung für eine lebenswerte Umwelt. Das nutzt Dr. Windisch zusammen mit Alexander Vorbeck beruflich. Beide bieten als Dienstleistungen für Kommunen und Firmen Luftanalysen auf der Basis der Flechtendichte an. Untersuchungen ergaben: Im Spessart gibt es wieder mehr Flechten der unterschiedlichen Wuchsformen, also für den Menschen gute Luft zum Durchschnaufen.

Ein „Barthaar“ von einem Baum, das gute Luft signalisiert: Eichen-Moos.

Vom grünen Fieber gepackt

Weihnachtsbaumernte im Naturpark: die Eheleute Lydia und Anton Rübsam in ihrer Kultur am Rande von Oberndorf. Bürgermeister Ruppel, der die Aktion „W-W-W“ propagiert, schaut vorbei.

In Kempfenbrunn wütet regelmäßig gegen Jahresende grünes Fieber. Im Jossgrund und darüber hinaus in Mernes und Marjoss nimmt man es etwas cooler. „In Jossa wachsen sie bis in die Wohnzimmer“, schildert Hans Jürgen Euler, Chef der Unteren Naturschutzbehörde des Main-Kinzig-Kreises, von Amts wegen befasst mit den Millionen Weihnachtsbäumen, die im Bereich des Naturparks Spessarts stehen. Den meisten zur Freud’, ein paar wenigen zum Ärger.

Vier Wochen lang dauert das grüne Fieber, nämlich von Mitte November bis Mitte Dezember. Dann ist Erntezeit in den Tannenbaumplantagen. Da muss alle Kraft gebündelt werden.

Ein Beispiel aus dem Jossgrund-Ortsteil Oberndorf: An einem lausigen Tag mit Dauerregen ernten der trotz gut sieben Lebensjahrzehnte noch sehr agile Anton Rübsam und seine Frau Lydia in ihrer 2,3 Hektar großen Tannenbaum-Nebenerwerbersplantage. Friesennerz und gummierte Hosen, hohe Stiefel schützen vor der Nässe von unten und oben. Der ehemalige Forstwirtschaftsmeister führt die Motorsäge virtuos. Es fallen die Bäumchen, die vorher ausgesucht und mit einem roten Band markiert wurden. Gefragte Nordmanntannen, die der Verbraucher schätzt, weil ihre Nadeln im Gegensatz zu den unmodern gewordenen Blaufichten nicht so pieksig sind und lange an den Ästen halten.

Von Rübsam erfahren wir: Pro Hektar stehen auf seinem Gelände maximal 8 000 Bäumchen. Die Kultur gibt es seit 40 Jahren und entstand auf einer landwirtschaftlichen Grenzertragsfläche, also dort, wo selbst Weiden mager waren, kaum Ackerfrüchte wuchsen, der Ertrag also minimal ausfiel.

Die Tannenbaumanpflanzung braucht Pflege. Das Gras darf die Bäumchen, wenn sie noch Babys sind, nicht überwuchern. Den Sommer über wird es zwischen den Reihen mit dem Motormäher abgeschnitten. Und dort, wohin die Maschine nicht kommt, mit der Sense. Rübsam kann sie noch führen. Frisch aufgeworfene Maul-

wurfshügel, flach gehaltenes Gras und Kräuter zwischen den Bäumen zeigen: Die Kultur ist keine biologische Ödnis. Es werden keine Unkrautvernichtungsmittel verwendet. Deshalb ist Rübsams Tannenbaumhain auch ein Geheimtip für Pilzsammler: Schon in der ersten Jahreshälfte lassen sich hier Morcheln finden, im Spätsommer und Herbst dann Butterpilze, Reizker und Steinpilze.
Verwandte helfen in der kurzen Saison, die Bäume versandfertig zu machen. Sie werden von Händlern abgenommen. Und was bleibt für den Pflanzer selbst? Lydia Rübsam formuliert es diplomatisch: „Wenn wir knapp die Hälfte von dem bekommen, was der Baum beim Verkäufer kostet, ist das schon prima.“ Das gilt sicher auch für das Schmuckreisig, das in dieser Kultur geschnitten wird.
Der Ortstermin macht deutlich: Die Weihnachtsbaumernte bei derartiger Witterung ist eine arge Plackerei.
Das vom Weihnachtsfest diktierte Arbeiten bei Regen, Schnee und Frost ist sicher ein Grund dafür, dass offiziell in den letzten Jahren im Spessartbereich keine neue Weihnachtsbaumkulturen entstanden sind. Hans Jurgen Euler: „Die Zahl der Anträge ist in den letzten zehn Jahren extrem bis gegen Null zurückgegangen.“
Obwohl am Waldrand heimische Bäume gepflanzt werden, ist jede Christfesttannenkultur ein Fall fürs Amt. Da wird wegen des Eingriffs in Natur und Landschaft das Naturschutzgesetz tangiert. Andererseits, weil – so wird amtlich angenommen – neuer Wald entsteht, auch das Forstgesetz. Jenseits der Landesgrenze in Bayern ist es einfacher: Da gelten Weihnachtsbaumplantagen als Baumschulen.
Die letzten Genehmigungen im Main-Kinzig-Kreis schrieben vor, dass die Anpflanzungen am Waldrand liegen mussten. Das Ja-Wort war auf 12 Jahre befristet und mit der Bedingung verknüpft, dass in den Kulturen weder Herbizide noch Pestizide verwendet werden dürfen. Nach 12 Jahren sollte abgeerntet sein. „Dann ist eine neue Genehmigung notwendig“, belehrt Euler.
Aber auch anderweitig gibt es Bremsklötze für die Weihnachtsbaumkulturen. Zum Beispiel im Land-

schaftsplan der Gemeinde Flörsbachtal, der einen Bestand von 600 000 Bäumchen auf 62 Hektar Fläche hochrechnet und davon ausgeht, dass „zwei Dutzend Familien hieraus einen Nebenerwerb erzielen“. Ein wohl heimlich gemachtes Foto dokumentiert in diesem Plan den Einsatz von Herbiziden. Daraus wird geschlossen, dass Schadstoffe in einen nur 50 Meter entfernten Quellbereich gelangen konnten. Die Planer kritisieren, dass einige Kulturen das Landschaftsbild stören und „mittelfristig aufzulösen sind“, auch, damit die Tallagen nicht abgeriegelt werden, der Frischluftausgleich ungestört bleibt.

Im Landschaftsplan Jossgrund ist zu lesen: „Die aus landschaftspflegerischer Sicht unerwünschten Weihnachtsbaumbestände sollen gerodet und dann der natürlichen Sukzession überlassen werden.“ Im Klartext: zum Wald verwildern, so wie es auch Anton Rübsam plant. Wenn er Pflege und Ernte nicht mehr schafft, „dann sollen die noch verbliebenen Weihnachtsbäume abgeholzt und die Fläche der Natur überlassen werden“.

Eines bleibt trotz der Wenn und Aber unbestritten: Das Anpflanzen von Weihnachtsbäumen ist im Bereich des Naturparks ein Wirtschaftsfaktor.

Und auch eine Fremdenverkehrsattraktion. Jossgrunds Bürgermeister Robert Ruppel lädt die Bürger aus nah und fern zum „W-W-W“ ein. Sie sollten vor dem Weihnachtsfest in den Spessart kommen, sich bei Wanderungen (erstes W) auf guten Wegen entspannen, danach sich in einer Wirtschaft (zweites W) deftig stärken und schließlich den Weihnachtsbaum (drittes W) vor Ort kaufen. Ruppel: „Das kann ein Spaß für die ganze Familie werden.“ Wo es die Weihnachtsbäume frisch vom Feld gibt, erfahren Interessenten im Jossgrund-Rathaus und in den Forstämtern. Aber nicht nur hier. Auch andere Gemeindeverwaltungen werden gute Tipps parat haben.

Gefragt: Rehe mit sechs Keulen

Im Forstamt Jossgrund weiß der Wildfleischabsatzfachmann, was der Markt alljährlich im Vorfeld des Weihnachtsfestes verlangt: „Rehe mit sechs Keulen und sonst nichts." Also Tiere, die nur aus sechs Beinen mit prallen Oberschenkeln bestehen. Kein Wunder: Eine Rehkeule als Weihnachtsbraten bietet – wenn raffiniert zubereitet – für Zunge und Gaumen höchstes Wohlgefühl.

Das sechsbeinige Reh bleibt ein Wunschtraum und passt zu einem Themenkomplex, der alle Jagdausübungsberechtigten im Bereich des Naturparks Hessischer Spessart nach einem festen Rhythmus bewegt: die Ernte im Wald und Feld zwischen Rodenbach und Sinntal.

Das Produkt: auf rein biologische Weise erzeugtes Fleisch mit hohem Protein- und geringem Fettgehalt, ausgereiftes, also nicht gedoptes Fleisch, „das nicht durch Rückstände belastet ist und sich tiefgekühlt recht lange lagern lässt". So hat es Klaus Eckel fomuliert, im Rang eines Oberamtsrates stellvertretender Leiter des Forstamtes Jossgrund und zuständig für die Vermarktung all dessen, was im Forstamtsbezirk an Wild anfällt: pro Jahr zwischen 60 und 70 Stück Rotwild, 120 Rehe und 60 bis 80 Schwarzkittel, Wildfleisch im Verkaufswert von mindestens 30 000 Euro.

Die Voraussetzungen für die Vermarktung: Zu beachten sind mindestens sieben Gesetze und Verordnungen vom Bundesjagdgesetz bis zu den Fleischhygienebestimmungen. Manifestiert wird Gesetzes- und Verordnungstreue im Forstamt durch die Wildkammer. Proper, geprägt durch leicht sauber zu haltende Kachelwände, bei Bedarf von einem Eiseshauch durchweht. Hier wird Wild für ein paar Tage zwischengelagert, ehe es in einen gigantischen Kühlschrank mit einer Temperatur zwischen vier und sieben Grad plus kommt.

Allerdings: Wer nur eine Keule vom Reh oder Hirschkalb im Forstamt kaufen möchte, ist an der falschen Adresse. Der hier als Beispiel für die übrigen Forstäm-

Qualitätskontrolle eines Rotwildkalbes: Forstoberamtsrat Klaus Eckel in der Wildkammer des Forstamtes Jossgrund.

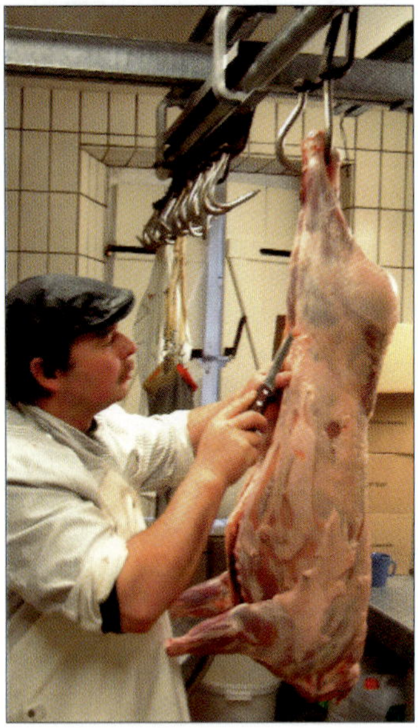

Ein Frischling wird zerwirkt: Wildmetzger Hans-Jürgen Herrmann in der fürstlichen Wildkammer in Büdingen.

ter im Main-Kinzig-Kreis ausgewählte „Hessen-Forst Jossgrund“ gibt nur ganze Stücke ab, also Rot-, Reh- und Schwarzwild in ihrer Decke, allerdings ausgenommen. Eckel ergänzend: „Auf Wunsch kann von uns das Zerwirken, also das Enthäuten und Zerlegen in küchenfertige Teile durch Fachleute vermittelt werden.“

Und wie kommt der Endverbraucher an Wildfleisch frisch vom Forst? Er kann bei den Forstämtern anrufen und sein „Stück“ bestellen. Es wird nur in wenigen Fällen sofort verfügbar sein. Geliefert wird, wenn bei einer Jagd Passendes geschossen wurde. Eckel generell und sicher auch im Namen der übrigen Forstämter: „Wir sind an privaten Verbrauchern sehr interessiert.“

Und was passiert, wenn die Bestell-Liste abgehakt ist, bei einer Jagd reichlich Strecke gemacht wurde? Dann greifen die Verantwortlichen in den Forstämtern auf ihre Adressen zurück, zum Beispiel Gastronomen in der Nachbarschaft, die ihre Speisenkarte gern mit frischem Wildfleisch aus dem Spessart aufpeppen, Metzger, die ihr Angebot um Rehkeule, Hirschrücken und bisweilen auch selbst geräucherten Wildschweinschinken ergänzen.

Und was zahlt der private Verbraucher für Wild, wenn er es im Stück kauft? Von Eckel ist zu erfahren, dass die Preise vom regionalen Markt bestimmt werden. Heimisches Top-Rotwild, also gut entwickelte Kälber, kosteten mit Kopf, Decke und Knochen zuletzt 5,60 Euro pro Kilo. Rehe gibt es je nach Qualität mindestens einen Euro billiger und das sehr reichliche Schwarzwild zu Preisen zwischen 3,50 und 4,50 Euro ebenfalls pro Kilo. Dazu kommt noch jeweils die Mehrwertsteuer in Höhe von sieben Prozent. Die Preise für das so genannte Zerwirken müssen frei ausgehandelt werden.

Die Rehkeule und den Hirschrücken gibt es natürlich auch auf anderem Weg. Eben bei etlichen Metzgereien, den hierzulande wenigen Fachgeschäften, im Wild- und Waldladen des Forstamtes Wolfgang und bei Jägern, die ihre Beute selbst vermarkten.

All das ist „Kleinkram“, gemessen an dem, wie der Wildhandel im benachbarten Büdingen läuft. Einer der fürstlichen Betriebe ist die Wildkammer im Schloss. Ihre Aufgabe: all das vermarkten, was in den 100 Quadratkilometer großen, bis an den Spessart-Naturpark heranreichenden Ysenburg-Büdingenschen Wäldern an Wild erlegt wird. Wildmetzger Hans-Jürgen Herrmann führt Regie, kennt sein „Material“, weil selbst Weidmann.

Das Fürstliche Haus feilt im Stil unserer Zeit intensiv am Image seiner Wildkammer und offenbart dieses Fachgeschäft im Internet (www.ysenburg.de/wildkammer). Dezent, damit den Verbraucher keine hohen Zahlen schrecken, sind die Preise jeweils pro 100 Gramm aufgelistet. Wer die feinen Stücke von Hirsch, Reh und Wildschwein futtern möchte, muss eben für ein hochwertiges Lebensmittel blechen.

Spessart-Brotbaum: die Fichte

Ein an den grimmigen Januartagen notwendiger „Wintersport“ im Naturpark Spessart. Forstamtsleiter Hans Jürgen Bachmann kontrolliert, ob die Polder auch bei hohem Schnee verladen und abgefahren werden können.

Die Fichte ist der Brotbaum des Spessarts, weil sie wüchsig ist und nach einer Kosten-Nutzen-Analyse guten Ertrag bringt. Eichenstämme aus dem Naturpark werden in Frankreich zu Fassdauben verarbeitet und helfen zum Beispiel im Gebiet rund um Bordeaux, Spitzenweine reifen zu lassen. Ein anderes Exportgut: die Stämme gut gewachsener Buchen. Für sie ist selbst das ferne China ein Markt.
Auch das ist der Naturpark Hessischer Spessart: eine Holzfabrik, die aber mit Feingefühl gemanagt werden muss. Die Forstleute nutzen nur den natürlichen Zuwachs und entnehmen dem Wald selektiv ein Wirtschaftsgut.
Unser Beispiel für die Holzwirtschaft im Bereich des Naturparks Hessischer Spessart: das fast alle Höhenlagen und eine gefragte Erholungslandschaft abdeckende Forstamt Jossgrund. Es verwaltet 6 470 Hektar so genannte Holzbodenfläche im Besitz des Landes und zusätzlich den Stadtwald Bad Orb und die Gemeindewälder Flörsbachtal und Jossgrund, addiert eine von Forsten unterschiedlicher Art bedeckte Fläche von 10 400 Hektar. Eingeschlagen werden in diesem Gebiet pro Jahr rund 70 000 Festmeter Holz. Der durchschnittliche Ertrag je Festmeter: 50 Euro. Der Gesamterlös aus dem Holzverkauf: 3,5 Millionen Euro.
Diese Zahlen nennen der Amtschef, Forstoberrat Hans Jürgen Bachmann, und der Sachbearbeiter für den Holzverkauf, Paul Müller. Die ihnen vorgegebene Marschrichtung: eine für die Dauer von zehn Jahren gültige mittelfristige Planung, die auf einer Waldinventur beruht. Am Holzvorrat und so genannten Umtriebszeiten orientiert sich die nachhaltige Nutzung. Also: so viel Einschlag, dass nur der Zuwachs abgeschöpft wird. Der Bestand soll unverändert bleiben.
Die Geschichte lehrt: Als gewaltige Mengen Spessartholz in Bad Orb für das Salzsieden gebraucht wurden und im Biebergrund für die Eisenverhüttung, ist der Spessartforst nach grobem Raster eingeteilt und

genutzt worden. Jeweils im Abstand von 30 Jahren wurden Flächen freigeschlagen. Aus den verbliebenen Baumstümpfen durften innerhalb von drei Jahrzehnten wieder hiebreife Stämme treiben.
Jetzt hat alles seine festgeschriebene Ordnung: durch den Hauungsplan und die Umtriebszeiten. Sie fixieren, wie lange eine Baumart wachsen muss, bis sie geerntet werden kann: die Eichen 240 Jahre, die Buchen und die Kiefern 140 Jahre, die Fichten 100 Jahre. Zur Holzartengruppe der Buche gehören noch Hainbuche, Esche, Ahorn und die allerdings wirtschaftlich nicht bedeutenden Aspen und Birken. Mit der Kiefer bildet die Lärche eine weitere Holzartengruppe. Zusammen mit der Fichte werden die im Spessart zügig wachsenden und immer bedeutenderen Douglasien und die Weymouth-Kiefern geführt.
Und so ist die Holzbodenfläche im Staatsforst Jossgrund bestockt, wie die Grünröcke den Baumbestand nennen: 16 Prozent Eiche, 14 Prozent Buche, 59 Prozent Fichte und 11 Prozent Kiefer, wobei jeweils die artverwandten Bäume mit eingerechnet sind. In diesem Bereich gibt es derzeit 70 Prozent Nadel- und 30 Prozent Laubwald. Das Ziel des Waldbaus: eine stärkere Durchmischung der Bestände und damit ein höherer Laubholzanteil, „aber keine wesentliche Verschiebung“, so Hans Jürgen Bachmann. Die Bäume sollen dort wachsen, wo sie beste Wachstumschancen haben. Dabei hat die im Spessart ursprünglich weit verbreitete Buche besonders gute Bedingungen.
Paul Müller weiß zu berichten, dass 80 Prozent des geernteten Holzes verwertbar sind: die Stämme für Bretter und Balken, außerdem in der Möbelindustrie, als Industrieholz für das Herstellen von Spanplatten, Zellstoff oder Papier. Brennholz spielt in unseren Tagen nur noch eine untergeordnete Rolle im Promille bereich. Rund 1 000 Festmeter werden derzeit pro Jahr von Holzheizfans noch im Forstamtsbereich als Schlagabraum aufgearbeitet und bringen gerade mal 15 000 Euro in die Landeskasse.
Die beiden Vertreter des Forstamtes rechnen vor: Im Schnitt beläuft sich der Erlös pro Kubikmeter Spessart-

Der Wald des Forstamtes Jossgrund ist ein „Flickerlteppich“. Unterschiedliche Farben markieren die verschiedenen Baumarten und den Altersaufbau des Bestandes. An der Karte Hans Jürgen Bachmann und Paul Müller.

holz auf 50 Euro. Dabei gibt es gewaltige Differenzen. Sehr seltene Eichen allerbester Qualität wurden vor der Euroeinführung mit 4 000 Mark pro Kubikmeter gehandelt. Bachmann: „Einzelne Stämme hatten einen Wert von mehr als 20 000 Mark.“ Feinfeinste Buchen schlugen mit bis zu 1 000 Mark pro Kubikmeter zu Buche. Der Gegenpol: Bringt der Verkauf von Kiefern und Fichten nicht mehr als 25 Euro pro Festmeter, dann decken sich die Aufarbeitungskosten kaum, erläutern die Vertreter des Forstamtes. Das heißt: Es ist aus finanziellen Gründen sinnvoll, derartiges, wegen der Waldpflege einzuschlagendes Holz, im biologischen Kreislauf zu belassen und es an Ort und Stelle verrotten zu lassen.

Bachmann und Müller bewerten den Holzmarkt als „derzeit stark gestört“. Etliche Stürme haben für reichlich Windwurf gesorgt und damit für eine ungeplante Holzernte, ein die Preise drückendes Überangebot. Die Baukonjunktur lahmt. Damit ist ein wichtiger Absatzmarkt weggebrochen. Und auch beim Holz macht sich die Globalisierung bemerkbar. „Waldreiche Länder werfen ihr Holz zu Dumpingpreisen auf den Markt“, beklagen Bachmann und Müller.

Da fällt ins Gewicht, dass an den Hängen der Spessartberge prächtige Eichen und Buchen wachsen. Sie haben als Qualitätsholz auf dem Weltmarkt ihre Chance, weil sie ein in vielen Fällen konkurrenzloses Produkt sind.

Vom Hosse Wieschen auf der Loipe direkt ins weiße Paradies

Der Naturpark Hessischer Spessart: ein Winterparadies für Spaziergänger im lichten Hochwald, für die Langläufer auf den Loipen im dichten Tann (fotografiert im Bereich der Hermannskoppe).

Eine elektrisierende Nachricht für alle, die Wintersport sozusagen vor der Haustüre erleben möchten, sich damit die Autofahrt dorthin ersparen möchten, wo die Berge höher und damit schneesicherer sind, andererseits aber die Parkplätze sehr knapp, es auf Loipe und Piste sehr eng wird: Die Wetterfrösche orakeln, dass es zumindest ein paar Tage auch in den mittleren Höhen des Spessarts knackig-kalt bleibt, dass über einer durchgehenden Schneedecke die Sonne glitzert. Das macht Lust auf Bewegung in frischer Luft. Auch auf zwei langen Brettern. Möglichst dort, wo nicht der Bär tobt, die Straßen verstopft sind, Parkplätze gut erreichbar. Im Bereich des Naturparks Hessischer Spessart zum Beispiel, der – und das ist wirklich wahr – gelegentlich einen halben Meter Pulverschnee melden kann. Ski und Rodel sind dann bestens ...

Der Merksatz der Naturparkverwaltung: „Bei uns sind die Wintersportler willkommen, wenn sie sich an die Grundregeln zum schonenden Umgang mit der Natur halten."

Und die wären: auf den gespurten Wegen bleiben, also in den Loipen, auf den erkennbaren Spazierpfaden. Bitte also nicht querfeldein laufen, durch die Schonungen! Warum? Das Wild hat bei einer geschlossenen Schneedecke eine schlimme Zeit. Es leidet unter Nahrungsstress, weil es wenig zum Fressen gibt. Und tut sich schwer, artgerecht bei Störungen durch den hohen Schnee zu flüchten.

Und: Die Wintersportler sollten all das wieder mit nach Hause nehmen, was sie an Abfall produzieren. Was zurückbleibt, müssen Hilfskräfte der Naturparkverwaltung wegräumen. Und das kostet das Geld der Steuerzahler.

Die Nauturparkverwaltung gebietet über drei eigene Loipen. Sie konzentrieren sich auf die Flächen rund um die Flörsbacher Höhe und die Hermannskoppe in der Gemarkung Lohrhaupten. Dieser Vorspessartberg hart

an der hessisch-bayrischen Landesgrenze ist mit 567 Meter Höhe der Top-Hügel im Main-Kinzig-Kreis.
Allerdings: Die Naturparkverwaltung hält kein Loipenspurgerät vor. Das rentiert sich für sie nicht. Der Naturparkbereich ist eben nicht schneesicher genug. Also wurden Kooperationsverträge mit Vereinen im benachbarten Gebiet des bayrischen Spessarts geschlossen. Die Hessen-Loipen werden von Ruppertshütten und Fellen aus gespurt.
Die aktuelle Spessartkarte über die Parkplätze am Beginn der Wanderwege gibt einige Tipps, wo der Brettlfan zu seinem Lauf ins weiße Paradies starten kann, zum Beispiel, wenn er über die Bundesstraße 276 aus dem Kinzigtal anreist. Beim Anstieg zur Flörsbacher Höhe erreicht er den Parkplatz Hosse Wieschen. Wenn die Bayern hier emsig gespurt haben, dann gibt es von dieser Loipe aus Anschluss an ein weißes Paradies in der Langlaufarena oberhalb von Flörsbach. Als Langlaufgebiet gilt auch das Mosborner Feld am Rande des gleichnamigen Ortsteils von Flörsbachtal mit einer Anbindung bis ins unterfränkische Wiesen, vielleicht sogar bis nach Frammersbach und ins Habichtstal. Dorthin kann der Langläufer auch einsteigen, wenn er zu dem noch auf hessischer Seite gelegenen Parkplatz Weidmannsruh an der Straße Wiesen-Frammersbach fährt.
Top ist auch das Loipennetz rund um die Hermannskoppe mit dem Skiwanderweg gen Westen, nämlich der an sonnigen Tagen sehr begehrten Sonnenloipe ins Lohrhaupter Feld. Jenseits der Straße beginnen Loipen bis weit in den bayrischen Spessart hinein. Und auch an der Wachehütte kann eingestiegen werden: in eine Loipe, die auf der alten Birkenhainer Straße gezogen wurde (Anfahrt über die Straße Lohrhaupten – Pfaffenhausen).
Hinzu kommen einige Aktivitäten der Gemeinden, die den Wintersport als Fremdenverkehrsattraktion nutzen. Bei der Kurverwaltung Bad Orb ist zu erfahren, ob ab Parkplatz „Sieben Wege“ an der Spessarthöhenstraße zwischen der Wegscheide und Villbach eine zwei Kilometer lange Langlaufspur bei entsprechender Schnee-

Am „alpinen“ Hang in Oberndorf.

lage gezogen ist. In Jossgrund-Oberndorf weist das Schild „Skilift“ nicht nur auf den dortigen bescheidenen alpinen Rutschhang hin, sondern gibt auch die Richtung vor, wo der Brettlfan hier in das Loipenetz einsteigen kann.
Übrigens: Überall dort, wo offiziell auf eine Loipe hingewiesen wird, ist der Langläufer auch sicher, dass ihn unterwegs keine argen Überraschungen erwarten. Dann ist nämlich sichergestellt, dass Fachleute mit dem Gespür für den Anfänger oder den mittelguten Läufer den Kurs vorgeben.
Die Naturparkverwaltung widerspricht der landläufigen Vermutung, dass es zuletzt mehrere Winter lang im Spessart keine Langlaufmöglichkeiten gab. „Wir hatten in jedem Winter Schnee und haben auch dann spuren lassen, wenn die Winterwetterlage nur mal fünf Tage hintereinander stabil war“, ist offiziell zu erfahren.

Methusalem & Co. dürfen ewig leben

Da reichen die Arme von Peter H.-J. Warmbold nicht. Er umarmt knapp bis zur Mitte und nahezu zärtlich eine Fichte, einen der diversen Baum-Methusaleme im Bezirk des Staatsforstamtes Biebergemünd/Gelnhausen. Umfassen kann er die Fichte nicht. Der Uraltbaum hat immerhin einen Stammumfang von drei Metern. Diese älteste Fichte im Bereich des Naturparkes Hessischer Spessart lebt sicher schon 200 Jahre, hat längst ihre Wurzeln über den Boden gehoben, trägt knochige Kandelaberäste, die steinhart sind, misst eine Höhe von mindestens 33 Metern und scheint so vital wie in sehr viel jüngeren Jahren.
Dieser Riesenbaum steht im Hirschbachtal bei Kassel. Damit er ewig leben kann, zumindest so lange, bis sein biologischer Verfall beginnt, steht dieser Baum unter besonderem Schutz.
Fichten leben umso länger, je ärmer der Boden ist, auf dem sie wachsen, erklärt der Forstmann. Wann der heutige Gigant im kargen Boden am Hang über dem Hirschbachtal zu wurzeln begann? Warmbold verweist auf uralte Folianten, die Vorläufer heutiger Forsteinrichtungswerke. In gestochener Sütterlin-Schrift berichten sie vom Waldbestand vor zwei Jahrhunderten, von vorwiegend jungen Bäumen. Der Spessartwald ist viele Jahre regelrecht geräubert worden, um Brennmaterial für das Salzsieden in Orb zu beschaffen, für die Eisenverhüttung im oberen Biebergrund, für die Öfen der Glasbläser und die Holzkohlenmeiler. Aus dem Jahre 1783 stammt die Kunde von ersten Fichtensaaten im Stadtwald Gelnhausen. Eine zweiten Fichtenwelle ist für 1837 für den Gerichtswald Altenhaßlau verbrieft. Der Spessartwald durfte durch gezielte Aufforstung das werden, was er heute noch an vielen Stellen ist: ein tiefer, geheimnisvoller Tann.
Dass es so bleibt, garantieren Warmbold und seine Mitarbeiter: „Wir hegen und pflegen diese alten Bäume." Also werden sie freigestellt, damit Jungspunde aus der

Die Arme von Forstamtsleiter Warmbold reichen nur bis zur Hälfte: Die älteste Fichte des Spessarts hat einen Stammumfang von drei Metern und lebt schon 200 Jahre.

Familie der Waldgewächse ihnen nicht in die Quere kommen, Lebensraum und Kraft nehmen.

Die älteste Fichte des Spessarts hatte es in ihrem langen Leben wahrlich schon schwer genug. Wer in ihren Wipfel blickt, erkennt, dass mehrfach die Krone herausgebrochen ist, sicher unter der Last tonnenschwerer weißer Last in schneereichen Wintern. Seitenäste übernahmen die „Führung des Baumes", wie es Warmbold formuliert und sorgten dafür, dass er urig wuchs.

Huteeichen am Elsebach

Wer einen Führer wie Warmbold hat, der 20 Jahre dieses Forstamt leitet und es wie seine Westentasche kennt, der findet auch andere, atemberaubende Uraltbäume: eine Eiche am so genannten Lärchenplan, die sicher 400 Jahre, vielleicht sogar schon halbes Jahrtausend Leben auf ihrem Buckel hat, wohl schon zu Zeiten des Dreißigjährigen Krieges existierte, von Stürmen gezaust wurde und sich zäh behauptete. Oder: die nachweislich vor genau 366 Jahren gepflanzten Eichen am Elsebach in der Gemarkung Bieber. Die allein waldbesitzenden Landesherren gaben einst diesen Bestand als Hutewald frei. Die Bauern aus Gassen, Röhrig und Bieber durften dort ihre Schweine weiden lassen. Eicheln sind eine Leibspeise der Borstenviecher.

Ein anderer Aha-Effekt: das flächenhafte Naturdenkmal nahe dem Forsthaus Niederhof in der Gemarkung Kassel. Hier stehen nebeneinander noch vitale oder schon nach Erreichen ihre Altersgrenze zerfallende Buchen, die auf 220 bis 240 Lebensjahre zurückblicken. Die Buche wird längst nicht so alt wie die Eiche. Pilze setzen ihr zu, beenden ihr Leben.

Ein weiteres Waldbild besonderer Art: im Gerichtswald Altenhaßlau am Fuße des Hainkellers und nahe dem einstigen keltischen Ringwall, also zwischen Breitenborn und Eidengesäß, auf eigentlich für sie ungeeignetem Boden gewachsene und deshalb nur krüppelig gediehene Linden. Ein Lindenblockhaldenwald, den es wohl seit 120 Jahren gibt, Bäume, die sich zwischen Sandsteinbrocken in den Boden krallen.

Warmbold kann außerdem vom Einzug fremdländischer Bäume im Spessart berichten. Gegen Ende des 19. Jahrhunderts begann diese experimentelle Phase. Douglasien, die es inzwischen auf hundert Lebensjahre bringen, wurden gepflanzt, ebenso Stroben und Roteichen. Und da gibt es noch die von Forstmeister Bindseil konzipierten Buntholzinseln. Er hatte von 1926 bis 1957 im Flörsbachtal und Biebergrund die Waldwirtschaft geprägt, den traditionellen Baumbestand durch Wildkirschen, Linden, Ebereschen, Spitzahorn, Wildbirnen und Holzäpfel ergänzt. Damit diese ökologische Bereicherung des Forstes von Dauer ist, werden diese Flächen aufmerksam gepflegt, wird ihr Bestand ergänzt, wenn Bäume absterben, berichtet Warmbold.

Doch das ist noch nicht das ganze bunte Waldbild in diesem nahezu komplett zum Naturpark Hessischer Spessart gehörenden Forstamt. Hier gibt es gewaltige Lärchen, die bis zu 190 Jahre alt sind, bald hundertjährige Kirschbäume, jetzt wieder vermehrt Eiben, aber auch Exoten wie Lebensbäume, Hemlocks-Tannen und anderes mehr.

Der Spesssartwanderer darf es entdecken: Der Naturpark ist hier und auch anderswo kein finsterer, sondern ein überaus bunter Forst mit atemberaubend schönen Bäumen.

Walderlebnis an der gar nicht so Dicken Tanne

Willkommen an der Dicken Tanne: Theobald Hufnagel und Bruno Peter planen am Vereinsheim ihrer Schutzgemeinschaft Deutscher Wald künftige Aktivitäten. Wo wird das Hinweisschild auf den Naturpark Hessischer Spessart montiert?

Auf einen der rustikalen Eichenholz-Tische hat jemand „Willkommen" geschrieben. Ein Hauch Schnee macht das möglich. Ein aufrichtiger Gruß in dem für vielfältige Freizeitgestaltung erschlossenen Wald im Vorspessart zwischen Rodenbach und Freigericht. Hier ist der Ortsverband Freigericht der Schutzgemeinschaft Deutscher Wald (SDW) zu Hause und gibt ein Beispiel dafür, wie es ehrenamtlicher Einsatz möglich macht, den Bereich des Naturparks Hessischer Spessart Besucher freundlich zu gestalten.

An dieser Stelle „regen" sich drei zupackende Rentner: Theobald Hufnagel, 1973 Mitbegründer dieser Ortsgruppe und von dem legendären Kurt Seibert später vollends für den Naturschutz entflammt, ein quicker Öffentlichkeitsarbeiter für die Ortsgruppe; der ebenfalls aus Somborn kommende Bruno Peter und als dritter Freigerichter im Bunde Erich Schilling. Hinter ihnen stehen rund 100 zumeist passive Mitglieder und auch ein paar, aber viel zu wenige Jugendliche, wie die Aktivisten beklagen. Diese Ortsgruppe ist an der so genannten Dicken Tanne heimisch, die der Erinnerung nach eine stattliche Fichte war und altersschwach der Motorsäge zum Opfer fiel. Nachfolger dieser Dicken Tanne ist heute eine Jungtanne im Vorschulkinderalter am Rande einer Lichtung mit viel Platz zum Picknicken in der schönen Jahreszeit.

Begonnen haben hier die Waldschützer mit einer Waldarbeiterhütte. Es folgten als Obdach ein ausrangierter Eisenbahnwaggon mit Anbauten. 1993 ist das erste Vereinsheim abgebrannt. Das Feuer ist wohl mutwillig gelegt worden. 1994 entstand das neue Vereinsheim.

Es ist ein offenes Haus. Hier kann die Rucksackverpflegung konsumiert werden, wird auf Wunsch die mitgebrachte Suppe aufgewärmt, dafür gesorgt, dass niemand der Tourengeher vom Fleisch fällt. Wollen Wandervereine, Gruppen, Schulklassen und Kindergartengruppen dieses Heim anlaufen, empfiehlt es sich, zuvor

Kontakte mit dem Ortsverband aufzunehmen. Theobald Hufnagel (06055/5973) führt Interessenten auch zu Bestaunenswertem im Wald drumherum. Mit den Verantwortlichen der SDW-Ortsgruppe können Waldführungen abgesprochen werden, die Nutzung des Vereinsheimes, der Waldhütte davor, des Rastplatzes und Sonderaktionen.

„Wir sind Anlaufstelle für Waldinteressierte", erklärt Theobald Hufnagel generell. Aber nicht nur das: Was der Verein finanziell als Überschuss erwirtschaftet, steckt er zum Teil in die von der Gemeinde initiierte Waldkalkung, die wichtig bleibt. Der jüngste Waldschadensbericht gibt neue Hinweise, dass viele Bäume kränkeln, weil saurer Regen den Waldboden übersäuert. Kalk neutralisiert sauren Regen.

Die Gruppe unterhält einen Waldlehrgarten, in dem Bäume für Anlagen im Gemeindegebiet gezogen werden und erschließt den Wald durch die deutliche und durchgehende Wanderwegemarkierung, damit sich niemand verlaufen kann, hilft Vögeln und Fledermäusen mit Schutzkästen.

Der aus dem Ballungsraum rund um Hanau anreisende Interessent hat zwei Möglichkeit, in Richtung Refugium der SDW-Ortsgruppe an der Dicken Tanne zu gelangen: ab den Parkplätzen des Naturparks Hessischer Spessart „Barbarossaquelle" und „Hof Trages" an der Straße zwischen Oberrodenbach nach Albstadt schon im Bayrischen. Wer die Augen hier offen hält, findet Wegweiser in Richtung des Vereinsheimes, hilfsweise via Buchberg.

Rund um die noch junge Tanne ist der Wald lebendig. Das Rentnerteam der Schutzgemeinschaft informiert auf plakativ gestalteten Tafeln an einem drei Kilometer langen Lehrpfad, was da alles im Wald kreucht und fleucht und im Sommerhalbjahr grünt und blüht. Hit auf dem kleinen Spielplatz ist eine hölzerne Freigerichter Kleinbahn. Die Schutzhütte ist ein sicheres Dach über dem Kopf, wenn es mal regnet. Das Vereinsheim bietet an grimmen Wintertagen während seiner Öffnungszeiten Gelegenheit zum Aufwärmen, zum Erfrischen.

Eine Station des Waldlehrpfades rund um das SDW-Heim an der Dicken Tanne. Erich Schilling präsentiert die Darstellung des Buntspechtes.

Als die Wälder noch Weiden waren

Lichter Spessartwald, wie er urtümlicher kaum sein kann: Gras, Eichen und Birken bestimmen das Bild im Schwarzen Grund in der Gemarkung Jossgrund.

Burgjoß, Schwarzer Grund: eingestreut in dunkle Fichtenplantagen und Laubholzinseln ein Stück Forst, wie er einstmals war. Eichen tragen schon ab Mannshöhe weit ausschwingende Äste. Birkensamen sind angeflogen, haben gekeimt, sind zu schlanken Bäumen geworden, deren weißgraue Rinde, deren helle Blätter in deutlichem Kontrast zu dem sattgrünen Laub der Eichen stehen, zu deren dunkler Borke. Dazwischen borstiges Gras. Immer wieder Farnkraut. Ein Rinnsal durchzieht diesen lichten Bereich.

Ein Stück Wald, das so aussieht, wie wohl der Spessartforst vor ein paar Hundert Jahren an vielen Stellen ausgesehen hat. Damals, als viele Wälder noch Weiden waren und alleinige Heizmaterialreservoire.

Die Eichen sind langsam gewachsen. Sie wirken buschig. Kein Wunder auch. Ihre Stämme sind viele Male bis nahe dem Wurzelstock zurückgeschnitten worden. Wenn sie beindick waren, lieferte der so genannte Niederwald zunächst einmal Brennholz, damit in den Katen der Bauern des Winters ein wenig Wärme herrschte, für das Salzsieden im nahen Orb, für die Feuer in den Glashütten.

Im diesem lichten Wald gedieh Pfeifengras, das schichtweise zum Decken der Hausdächer benutzt wurde, aber auch als Ziegenfutter geeignet war. Der Adlerfarn wurde geschnitten, diente nicht nur als Einstreu und Labsal in den Ställen: nämlich nebenbei auch als Mittel gegen Würmer. Und wenn im Herbst das Laub von den Bäumen rieselte, ist es zusammengerecht worden, um ebenfalls als Einstreu zu dienen.

Verstreut durften ein paar Bäume ungestutzt in den Himmel wachsen. Sie warfen für Borstenviecher der häuslichen und der schwarzen Art Delikatessen ab und prägten die Spessart-Bauernweisheit: „Nur eine durch das Schwein getriebene Eichel schmeckt."

Da Gras und Efeu geschnitten, das Laub entfernt wurden, konnte sich auf den Flächen kaum Humus bilden. Die Folge: die Eichen wuchsen nur langsam und – weil

sie auf Abstand standen – in die Breite. Eben buschig. Ihnen blieben nach einem Rückschnitt drei bis sechs Jahrzehnte, ehe sie wieder aus ihrer Wurzel so weit ausgetrieben waren, dass erneut an ihnen gesägt und gehackt werden konnte.
Es galt auch, Rohstoff für die vielen Meiler zu beschaffen. In jenen fernen Tagen fehlte oft die Technik, Holz in die Dörfer zu karren, die im Tal lagen. Also wurde das Holz verkohlt, rauchten im tiefen Spessartwald viele Meiler. Holzkohle war sehr viel leichter zu transportieren als ihr Rohmaterial, etwa mit der auf dem Rücken getragenen Kiepe, als Tragelast für Esel.
Übrigens: auch die Rinde der Bäume fand eine Verwendung – zum Gerben von Häuten.
Derartiger, multikfunktional genutzter Niederwald bedeckte noch zu Anfang des 20. Jahrhunderts 30 Prozent der deutschen Forstfläche. Ihn gibt es im Bereich des Naturparks nur noch ansatzweise – eben diese Parzelle im Schwarzen Grund, dort, wo sich der Hang des Langenselbolder Buchberges hin zu den „Lehrn“ von Niederrodenbach neigt und im Bereich der Altholzinsel Gretenberg bei Bad Soden-Salmünster.
Hier, da und dort sind Flora und Fauna ausgesprochen artenreich. Beim Ortstermin im Schwarzen Grund huscht eine hier nicht zu vermutende Eidechse in ihr Versteck. Sie findet zwischen den vereinzelt stehenden Bäumen genügend Sonnenplätze. Am Buchberg ist die höchst seltene Astlose Graslilie zu finden. Und am Gretenberg sind neben den typischen Spessart-Spechtarten Dohle, Raufußkauz und Hohltaube heimisch.
All diese Spessart-Niederwälder werden längst nicht mehr wie ehedem bewirtschaft. Durch sie werden keine Schweine- und Ziegenherden mehr getrieben, erntet niemand mehr Gras, Farn und Laub, nur ein paar in Jahrzehnten gewachsene Eichen.
In Hessen gibt es allein nahe Dillenburg noch bewirtschaftete Niederwälder, deren Name auf ihre einstige Nutzung hinweist: Hauberge. Im Naturpark Hessischer Spessart erinnern einige Gemarkungsbezeichnungen an die Multinutzung der Wälder, so die Schweinsstiege in der Bulau am Stadtrand von Hanau.

Es grünt so grün, wie's später nicht mehr grünt

Auenwälder sind ideale Standorte für die Frühblüher wie den Bärlauch.

März, April, die ersten Maitage: Jetzt grünt es hier so grün, wie es später im Jahr nicht mehr grünt. Im Auwald am Fuße des Spessarts sputen sich die Kräutlein. Lange haben sie nicht Zeit, ihre osterbunte Pracht zu entfalten, gierig die Wärme der bis zum Erdboden vordringenden Sonne einzusaugen, zu fruchten. Schon Mitte Mai wird es dämmrig im Reich der Lichtgestalten. Die Bäume belauben sich. Der Frühlingsflor fällt in seinen Dämmerzustand zurück.

Wir sind im Reich von Schlüsselblume und Bärlauch, von Lerchensporn und Buschwindröschen, von Scharbockskraut und Aaronstab, von Lungenkraut und Zwiebelzahnwurz, ein Naturparadies ganz nahe dem Ballungsgebiet Rhein-Main: die Bulau im Dreieck zwischen Hanau, Erlensee und Rodenbach.

Dieser Auwald lebt von und mit der Kinzig. Ein Fluss, der sich wieder sehen lassen kann. Sein Wasser, selbst wenn es trübe scheint, verdient wieder die Note „fast gut bis befriedigend". Und er hat im Winter mächtig das Land an seinen Ufern genässt. „Die letzten Hochwasser bewiesen die Auendynamik", stellt der Diplom-Biologe Martin Schroth fest, Mitarbeiter der Unteren Naturschutzbehörde der Stadt Hanau und ein Kenner der inzwischen auch wieder für Lachse tauglichen Kinzig und ihres Umlandes. Zwischen Langenselbold und bis kurz vor die Hanauer Stadtgrenze ist sie fast durchgehend ein Fluss, wie ihn die Naturfreaks lieben: Er mäandert auf zehn Kilometer Länge, verändert mit jedem Hochwasser seinen Lauf, hat Altarme wieder geflutet, schüttet neue Böschungen an, hinterlässt Kiesbänke und nährt die Auenflora.

Sie hat es eilig, weil sie in typischen Auenwäldern mit Weiden und Erlen nahe dem Ufer, mit Ulmen und Eichen, Eschen und Hainbuchen in einiger Distanz zum Fluss gedeiht. Schroth: „Die Vitalphase fällt in die laublose Zeit." Also: Bevor sich die Kronen der Bäume belauben, muss sich das Grün zu ihren Füßen schon reproduziert haben. Damit es bis Anfang Mai so grünt, wie später im Jahr nicht mehr, haben die Pflanzen Reserven gebunkert. Schroth zählt auf: der Lerchensporn in Knollen, das Buschwindröschen in seinen Speicherwurzeln, der Bärlauch als tulpenverwandter durch Zwiebeln.

Einzelne Arten, wie die Zwiebelzahnwurz, bedienen sich der Ameisen, um neue Gebiete zu erobern. Die Pflanzen bilden an den Blattachsen Brutknöllchen. Sie sind für Ameisen herrlich süß, werden „verschleppt" und können abseits vom bisherigen Bestand keimen.

Martin Schroth sieht in dieser Kinzigaue „etwas Einmaliges für Hessen und drüber hinaus", spricht von einer „außergewöhnlichen Vielfalt" in diesem Bereich und sieht trotz der gewaltigen Einschnitte in diesem Gebiet durch das Hanauer Autobahnkreuz eine positive Entwicklung. Dafür sorgt das sauberer gewordene Kinzigwasser. Die Zeiten, als der Fluss seine Auen überdüngte, sind vorbei, die Phase, als reichlich während der Hochwasserwellen angeschwemmte Stickstoffe die Brennnesseln ins Kraut schießen ließen, die zarteren Pflanzen regelrecht erstickten. „Die neuen biologisch reinigenden Stufen der Kläranlagen im Kinzigtal machen sich positiv für die natürliche Flora bemerkbar", freut sich Schroth.

Hochwasser muss in diesem Bereich alljährlich sein: damit die in Herbst und Winter herabgerieselten Blätter der Bäume weggeschwemmt werden, das Wachstum von Lerchensporn & Co. nicht gebremst wird, die Sonne ungehindert einstrahlen kann und auch schon zeitig im Jahr hier Bodentemperaturen um die 30 Grad gemessen werden können.

Bisher ist nur der nördliche Teil um den durch Ausbaggerung enstandenen Erlensee ausgewiesenes Naturschutzgebiet. An weiterreichende Schutzmaßnahmen für das gesamte, 600 Hektar große Gebiet wird „seit zehn Jahren gearbeitet", so Schroth. Das Ziel: diese Bulau zum Fauna-Flora-Habitat zu machen, ein Schutzgebiet mir europaweiter Bedeutung, wie der Kühkopf am Rhein.

Eine schützende Hand ist angemessen: für Schlüsselblume (unser Foto), Bärlauch, Lerchensporn, Buschwindröschen, Scharbockskraut, Aaronstab, Lungenkraut und die anderen Kostbarkeiten der Frühlingsflora in der zu dieser Jahreszeit einmaligen Bulau.

In Randgebieten sind weitere Verbesserungen zugunsten der Natur geplant: die aus dem Bereich Rodenbach kommende und mitten in der Bulau in die Kinzig mündende Lache soll bald ebenfalls mäandern, also wieder auf ihrer gesamten Länge naturnah sein, nahe der Stadtgrenze Hanau ein Altarm wieder eine natürliche Verbindung zum Fluss erhalten.
Und wie steht es anderweitig im Kinzigtal um derartige fast naturnahe Auwaldflächen? Der Biologe kann auf wenige „fragmentarische Relikte“ verweisen: das Bocksgehörn bei Langenselbold, den Hässler Weiher, „kleine Fleckchen mit Frühblühern, aber nicht vergleichbar mit der Bulau“.
Die an manchen Stellen urwaldähnliche Auenlandschaft steht für Spaziergänger offen – wenn sie sich von den Wegen aus an der Natur erfreuen wollen und einen wichtigen Grundsatz des Naturschutzes beachten: Pflanzen dürfen weder abgerissen noch ausgegraben werden.
Übrigens: Wer in Ruhe diese reiche Natur erleben möchte, sollte zeitig im Jahr kommen. Die vielen Altarme und Tümpel sind eine ideale Brutstätte für Stechmücken. Wird es erst vorsommerlich warm, dann kommen nur noch jene ohne Stichverletzungen durch dieses Gebiet, die sehr geschwind in die Pedalen treten können.

Die Giganten und der Käfer

Napoleon ließ sie in der Nachbarschaft der Feste Ehrenbreitstein anbauen. Ihr festes, dennoch biegsames Holz sollte nützlicher Baustoff sein, um zur Sicherung seiner Herrschaft über fast ganz Europa Kanonen auf strapazierfähige Lafetten zu montieren. Als Rüster verarbeiten sie die Möbelschreiner für Stühle und Sessel mit gebogenen Teilen. Der Wagner hatte sie gebraucht. Ein kleiner Käfer hat dieser Baumart in den letzten Jahren schlimm zugesetzt. Er trägt in ihre Stämme einen Pilz ein, der die Kapillarröhrchen verstopft. Und prompt tritt ein Infarkt auf – die Bäume vertrocknen, sterben ab.

Der Gigant im Auwald: Winfried Kürschner stellt eine sicher bald 200 Jahre alte Flatterulme mit breiten Brettwurzeln vor.

Diese Sorgenkinder unter den Bäumen im Naturpark Hessischer Spessart: Ulmen, die in drei verschiedenen Arten hierzulande heimisch und zumeist Wildlinge sind.

Wir fragen den Chef des Forstamtes Wolfgang, Forstdirektor Dr. Dieter Müller, ob die Grünröcke im Naturparkbereich Ulmen anbauen lassen, um etlichen Generationen später die Chance zu geben, sie als Nutzholz zu ernten? Der Direktor verneint. Seit Urzeiten reproduziere sich die Ulme im Naturparkbereich aus sich selbst heraus.

Was aus ihrem Samenkorn werden kann, können Waldläufer entdecken, die genau hinschauen: wahre Giganten, die in vielen Jahrzehnten himmelwärts gewachsen sind und den Riesen aus tropischen Urwäldern gleichen. Sie bilden so genannte Brettwurzeln, stehen also auf einem gespreizten Fundament.

Es wäre ein herber Verlust, wenn der Ulmensplintkäfer sein Werk vollenden, die Ulmen im Naturpark ausrotten würde.

Die Forstleute sind bemüht, diesem Überträger des für die Bäume tödlichen Pilzes ein Schnippchen zu schlagen. Eine der Maßnahmen: „Wir müssen die Bäume als Einzelexemplare oder in kleinsten Gruppen im Wald verstecken, dann findet sie der Käfer nicht“, schildert Dr. Müller ein Einfachrezept.

Es kann die Flatterulme retten, einen Waldbaum, der bis zu 35 Meter hoch aufragt und im unteren Teil des Naturparkes heimisch ist: auf feuchten, nährstoffreichen Böden des Auwaldes beidseits der Kinzig und auf anderen natürlich gebliebenen, also nicht entwässerten Böden. Die Rote Lache, ein Naturschutzgebiet bei Rodenbach, ist ein Flatterulmen-Standort, aber auch benachbarte Gebiete, die sich von Erlensee über Bruchköbel und Mittelbuchen bis nach Wachenbuchen erstrecken.
Über Werden und Gedeihen der Gigangen wacht Winfried Kürschner, im Berufsleben Bauingenieur in Frankfurt, in seiner Freizeit engagierter Naturschützer mit dem Schwerpunkt Vogelschutz und dem Spezialgebiet Greifvögel. Das bedeutet: Beim Waldlauf ist Kürschner ein Hans-guck-in-die-Luft, stets bemüht, Greifvögelhorste zu entdecken und zu beobachten. Folglich gilt sein Interesse den Altholzbeständen mit mächtig gewachsenen Eichen, Buchen und auch Ulmen. Das Beispiel im Auwald: eine sicher 200 Jahre alte Ulme, deren Brettwurzeln etliche Quadratmeter Waldboden decken, für deren bisherige Vitalität etliche Jungulmen sprechen, die rund um den „Mutterbaum" zum Licht streben – der aber deutliche Anzeichen einer Krankheit zeigt: die Rinde ist teilweise herausgebrochen, über das deshalb nackte Holz rinnt Pflanzensaft. Wie lange diese Flatterulme noch austreibt, sich als Horstbaum für den Roten Milan oder den Bussard anbietet?

Die Forstleute sind bemüht, die Ulmen im Wald zu halten. Dr. Dieter Müller verweist auf Versuchsflächen, den Anbau von dem Splintkäfer häufig trotzenden Holländischen Ulmen, eine Kreuzung der Berg- und der Feldulme, und auf ein vielversprechendes Experiment: Aus Gewebematerial gesunder Bäume, die am Rhein in der Kühkopfaue stehen, wurden Setzlinge geklont, die sich gegen den Pilz als weitgehend resistent erwiesen.
Die Flatterulme hat also eine Chance, ein Mosaikstein der bunten Wälder im Naturparkbereich zu bleiben. Ihren beiden in Naturparkbereich beheimateten Schwestern geht es sehr viel schlechter: den zum Beispiel am Beilstein nahe Lettgenbrunn noch vorhandenen, kränklich wirkenden Bergulmen, die hier eigentlich ideale Wachstumsbedingungen finden: einen feuchten, nährstoffreichen Boden. Auf ihm können Bergulmen bis zu 400 Jahre alt werden und einen Stammdurchmesser von drei Metern erreichen.
Starke Verluste gibt es bei der dritten Spezies, der Feldulme. Aber auch hier zeigt sich: Isoliert voneinander wachsende Bäume dieser Art werden vom Splintkäfer weniger attackiert als solche in geschlossenen Vorkommen.

Die Toskana lässt grüßen

Die Toskana des Naturparks Hessischer Spessart: der von Wacholderbüschen und einer einzigartigen Fauna und Flora geprägte Weinberg von Neuengronau.

Wenn die Abendsonne mit ihren letzten Strahlen über diese Spessartberge streift, lässt die Toskana grüßen. Im Dunst des untergehenden Tages zeichnen sich Höhenlinien mit steil aufragendem Gehölz ab: die prägende Vegetation des Weinberges bei Neuengronau im Bergwinkelteil des Kreises und am östlichen Rand des Naturparks Hessischer Spessart. Ein an südliche Gefilde erinnerndes, hierzulande weit und breit einmaliges Landschaftsbild, das vom Menschen geformt wurde.
Auch in den Mittelgebirgslagen gedieh einst Wein. Davon zeugen die überlieferten Gemarkungsbezeichnungen, aber auch die heute noch so genannte Weinstraße von Neuengronau nach Bellings.
Die Reblaus hat vielen Rebstöcken den Garaus gemacht. Den Rest besorgte die Marktlage. Der Wein aus dem Bergwinkel war offensichtlich ein höchst rustikaler Tropfen, der manchem zu sauer wurde. Rebensaft aus günstigeren Lagen schmeichelte der Zunge mehr. Das Interesse am pflegeintensiven Weinbau erlahmte. Die Folge: Die Natur holte sich die aufgegebenen Weinberge zurück – sie sind verbuscht. Damit geriet eine einzigartige Flora in Gefahr, die sich in mehreren Jahrhunderten ziemlich ungestört entwickeln konnte. Nicht nur bei Neuengronau, auch im Bereich der ehemaligen Weinberge von Steinau, Hohenzell und anderswo prägt Muschelkalk als Überbleibsel des einstigen Urmeeres diese facettenreiche Vegetation.
Wie es in den siebziger Jahren in diesem Bereich aussah, ist aus einem Vermerk des Forstamtes Altengronau abzulesen: „Die vorhandene Vegetation geht im Schwarzdorn-, Liguster- und Hartriegelgestrüpp unter.“ Und das nicht nur, weil die Wingerte aufgegeben waren, also nicht mehr von Menschenhand als Kulturland gepflegt wurden. Auch die einstige Beweidung entfiel. Ziegen gerieten als Milchkühe des kleinen Mannes weitgehend in Vergessenheit und damit auch das Weidevieh, das mit rauem Futter zufrieden ist, also auch Schwarzdorn, Liguster, Hartriegel und anderes

Holziges knabbert, die Verbuschung brachgefallener Flächen verhindern kann.
Menschenhand war also wieder gefragt, damit diese besonderen Flächen nicht völlig verwaldeten. Allein für die Entbuschung des Weinberges von Neuengronau sind einst rund 200 000 Mark aufgewendet worden. Doch damit nicht genug. Damit die als Solitäre die Landschaft prägenden Wacholder weiterleben, die artenreiche Flora zu ihren Füßen existieren konnte, waren viele Versuche notwendig, um das ideale Rezept zu finden, damit nicht erneut Wildgehölze diese Toskana des Main-Kinzig-Kreises ruinierten. Gemischte Herden ziehen jetzt über das Land – Ziegen und Schafe. Weil die hierzulange üblichen Merinoschafe empfindliche Fußsohlen haben, übernehmen in diesem Bereich robustere Rassen die Grünpflege, Rhönschafe und Coburger Füchse, „mit Hornhaut an den Füßen gegen die viele Stacheln und Dornen hier“, wie Experten die Vorteile dieser Tiere hervorheben.
Dieses Weidevieh liefert das in manchen Gaststätten als besondere Delikatesse angebotene Bergwinkel-Lamm. Es hat würzige Kräuter gefressen und folglich höchst aromatisches Fleisch. Wie segensreich es war, das Vieh im Frühjahr auf die Magerrasenflächen zu treiben, hatte man schon in Urzeiten im Gebiet rund um Steinau und Schlüchtern gewusst. Das auf den Kalkböden wachsende Grün hat die Knochen der Tiere stark gemacht, sagt die Überlieferung.
Die Landschaftspflege in diesem Bereich zahlt sich aus: Die Flora hat sich stabilisiert. Dazu gehören je nach Jahreszeit seltene Orchideen wie das höchst rare Brandknabenkraut und die vom Stengellosen Enzian bedeckten Flächen, die ein besonderes Blickerlebnis sein können: Hier reiht sich eine blaue Blume an die andere. Wer hinzuschauen versteht, wird eine artenreiche Tierwelt beobachten können, Spuren des Uhu entdecken, die Grauammer beobachten, Falter in Fülle bewundern.
Dank gilt allen, die dieses Landschaftsbild mitgestaltet haben, die bemüht sind, es zu erhalten. Dazu gehören das Team des Forstamtes Sinntal und der in Bad Vilbel

Wacholderheiden benötigen intensive Pflege, sonst überwuchert sie der Wald.

beheimatete Umweltaktivist Bernd Dressler. Er hat sich jener Insekten angenommen, die in einer komplizierten Lebensgemeinschaft dafür sorgen, dass sich Orchideen über Samen vermehren können, so genannte Solitärbienen. Für sie hat Dressler im Bereich dieses Weinberges bei Neuengronau Insektenhölzer aufgehängt, also Nisthilfen.

Diese Toskana des Main-Kinzig-Kreises ist für Wanderer, die ein tüchtiges Stück Berg auf nicht scheuen, ab Neuengronau zu erreichen. Wer vom bequemen Autositz aus den besonderen Reiz eines Wacholderhanges sehen möchte, kann dies bei der Fahrt über die Kinzigtalautobahn tun: im Bereich Steinau den Hang hinauf blicken. Dort prägen stattliche Solitäre das Gelände.

Latin-Lover des Nadelwaldes

Ein Auerhahn balzt. Kehrt der „Latin-Lover des Nadelwaldes“ in den Spessart zurück?

Er war der Latin-Lover des Nadelwaldes. In seiner heißen Zeit vom März über den April und bis in den Mai hinein war er abends und frühmorgens in Dauerbalzstimmung, schlug Rad, ließ die Flügel über den Boden schleifen, kollerte ein seltsam Liebeslied, schritt oder hüpfte gravitätisch herum und nahm – so steht es in der Fachliteratur – „dann seine Umwelt nicht mehr wahr“. Besagter Lover erfüllte – wenn alles rund lief – an einem Balzmorgen bei drei Hennen seine Mannespflicht.

Und er sprang oder flog sogar Menschen an – um sie als Störenfriede zu vertreiben oder ebenfalls zu begatten? Darüber streiten die Experten. Jedenfalls: Der Auerhahn ist ein uriger Gesell, leider im Spessart derzeit erloschenes Wild, aber kein hoffnungsloser Fall. Vielleicht wandert er ja zurück in den Naturpark, der durch Umwelteinflüsse in Form von Orkanen und der damit geschaffenen Umwandlung des Waldbildes nun wieder viele für ihn ideale Biotope bietet und freundlichere Witterungsverhältnisse als noch in den achtziger Jahren des letzten Jahrhunderts.

Im Naturpark Hessischer Spessart träumt man jedenfalls davon, dass der Auerhahn in das Land der bunten Wälder zurückfindet, beflügelt durch die stabilen Bestände in Skandinavien, am Alpenrand und im Schwarzwald.

So wie es derzeit das noch im 20. Jahrhundert im Spessart heimische, dort ebenfalls zeitweise erloschene Haselhuhn tut, eine Spezies aus der Gattung der Rauhfußhühner und damit enger Verwandter des Auerhahnes. Es ist unterwegs zurück in Richtung Hessischer Spessart und schon im nahen Unterfranken entdeckt worden.

Der Auerhahn und seine Hennen haben über Jahrhunderte vereinzelt im einstigen Mischwald und späteren Reisig, danach an die Hundert Jahre in dem auf weiten Flächen zum Nadelwald gewordenen Spessart verbreitet gelebt. Nach 1860 sind weite, verbuschte Flächen, wo die Bäume als Brennholz für das Salzsieden in Bad Orb geschlagen wurden, zu Holzplantagen geworden. Den Winter über sicherten die Knospen der gepflanzten Nadelbäume dem Auerhahn das Überleben. Im Sommer naschten sich die mächtigen Vögel, die plumpe Flieger sind, an den Ameisenhaufen und an den Beeren satt, vor allem an Heidelbeeren. Es gab im tiefen Forst ruhige Balz- und Brutplätze.

Hundert Jahre später war der Auerhahn schon eine Rarität. Der ehemalige Leiter des Forstamtes Jossgrund, Dr. Paul-Joachim Hopp, schildert in seinem Buch „Weite Pürsch“, wann die letzten Auerhähne und -hennen gesehen wurden: 1983 im Staatsforst rund um Bad Orb und im Bereich Mittelsinn.

Für Wildbiologen gibt es einen Hauptgrund, warum der Auerhahn im Spessart ausgestorben ist: über mehrere Jahre unfreundliches Wetter im späten Frühjahr und frühen Sommer. Fast alle Jungvögel verendeten. Der schon schmale Bestand reproduzierte sich nicht mehr. Aber auch die zu Stangenwäldern gewordenen Fichtenbestände und die um wieder aufgeforstete Freiflächen gezogenen Wildschutzzäune verhunzten den Lebensraum von Auerhahn und henne, die – wenn sie fliegen – Blitzstarter sind und nur geradeaus können. Dr. Hopp schildert in seinem genannten Buch Verluste bei der Population durch „das Anfliegen von Gattern“. Im Klartext: Hähne und Henne schatften beim Auffliegen die Kurve nicht mehr und brachen sich in der Umzäunung das Genick.

Ist es sinnvoll, die Wiederbesiedlung des Spessarts mit Rauhfußhühnern künstlich zu versuchen? Aus einem Auswilderungsversuch im Odenwald und bei ähnlichen Biotopvoraussetzungen wie im Spessart sind Lehren zu ziehen: Trotz zusätzlicher Schutzmaßnahmen gegen Raubwild ist es nicht gelungen, innerhalb von 15 Jahren einen stabilen Bestand zu erreichen.

Also bleibt nur die Hoffnung, dass das Auerwild von sich aus sein einstiges, durch die Auflockerung des Waldes und jetzt wieder wärmere Frühsommer nahezu ideal gewordenes Biotop im Main-Kinzig-Kreis und im anschließenden Bayern zurückerobert. Die Latin-

Lover und ihre Hennen sind im Naturpark gern gesehen und müssen auch nicht mehr der Jäger Schrot oder Kugeln fürchten: Sie stehen ganzjährig unter Schutz. Andere, vor geraumer Zeit hierzulande ausgestorbene und in den letzten Jahren in den Naturpark zurückgewanderte Vogelarten, wie Schwarzstorch und Kolkrabe, nähren die Hoffnung, dass auch der Latin-Lover des Nadelwaldes wieder heimfindet.

Weinland von Rodenbach bis Sinntal

Wissen möchten wir es gerne! War es ein spritziger Weißer wie die eleganten Tröpfchen aus dem Chablis, ein schwerer Trunk, den wir als Tinto kennen, ein durchscheinender Roter wie der aus der Nähe des Kalterer Sees, ein frischer Riesling, vergleichbar mit den Kreszenzen von Rhein und Mosel, oder zumindest ein nach Heimaterde schmeckender Müller-Thurgau oder Kerner wie von den Rebenäckern, die nur ein paar Hundert Meter jenseits von Freigericht und Rodenbach, nämlich in Unterfranken, noch existieren und für die Winzer lukrative Ernte bringen? Oder würden wir heute die Hände über dem Kopf zusammenschlagen, würde man uns zumuten, diese Essigbrühe zu trinken? Nichts Genaues weiß man nicht. Nur: dass das Vorland des Spessarts einst Weinland war.

Und dass dieser Wein in rauen Mengen geschluckt wurde. Eine markante Zahl aus dem damals ein paar Hundert Einwohner zählenden Rodenbach: Das in der Regie der Gemeinde stehende Dorfgasthaus meldete für 1609/1610 den Ausschank von 12 716,4 Litern sicher am Ort erzeugten Weines.

Der Wein hat über Jahrhunderte das Spessartvorland zwischen Rodenbach und Sinntal geprägt. Die Weinberge lagen an den zu den Fluss- und Bachtälern abfallenden, zur Sonne geöffneten Hängen. Vielfältig sind die Spuren der Rebäcker. Sie prägen an vielen Stellen die Landschaft. Hier entstanden in den letzten Jahrzehnten Wochenendhausgebiete, Obstgärten, Brachflächen. Deren abwechslungsreiche Struktur sorgt für eine vielgestaltige Fauna und Flora.

Weil die Weingärten also ein wichtiger Bestandteil des Naturparks sind, wird Interessenten die Chance gegeben, die einzigartigen Kleinbiotope und die verbliebenen Strukturen dort kennen zu lernen, wo sie noch am deutlichsten sind: Ein Naturpark-Weinbergführer gibt bei Wanderungen sein Wissen über den Weinbau rund um Gelnhausen weiter.

Heute ein Albtraum für Flachland-Autofahrer, für die Gelnhäuser Winzer von einst der normale Einstieg in ihre Weinberge: 27 Prozent Steigung.

Die Weinbergtour verlangt von den Mitwanderern stramme Waden: Bis zu 27 Prozent Steigung sind himmelwärts zu bewältigen, ehe der Wissbegierige endgültig die in die Wedingärten führende Schindergasse erreicht. Steigung und Straßennamen signalisieren: Es war eine arge Plackerei, die Gelnhäuser Weinberge in Steillage zu pflegen, die Ernten einzubringen.
Nach dem Anstieg die Spurensuche am Philosophenweg: viele Hundert Jahre alte Weinbergsmauern, die auch heute noch zuverlässig das Abrutschen des Erdreiches verhindern, Einstiege wie Hühnerleitern in die einzelnen Felder, so genannte Leserücken: zu Haufen gestapelte Steine, die die Wärme speicherten und sie im Laufe der Nacht an ihre Umgebung und damit die Reben abgaben. Da sind noch die Kanäle zu sehen, die das Wasser bei starken Regenfällen ableiteten, Fundamente, auf denen wohl einmal Wingertshäuschen standen. Der Führer kann eine Fotografie von Gelnhausen anno 1900 zeigen. Deutlich sind die Weinberge über der Stadt zu erkennen.

Am Rande des Philosophenweges über Gelnhausen: Viele der alten Weinbergsmauern sind noch erhalten. Andere wurden nach bewährtem Konzept neu geschichtet. Und überall sprießt üppiges Grün.

Wer den Naturparkführer begleitet, erfährt, dass wohl der erste Gelnhäuser Weinberg an der heutigen Barbarossastraße und gegenüber dem jetzigen Kreishaus lag: nicht weit von der Burg, dem Ur-Stadtkern, entfernt, das so genannte „Königsstück“.
Der Weinbau hatte seine Blütezeit im Mittelalter. Urkundlich belegt sind reiche Ernten und Missernten, eine Zunft der Winzer, strenge Regeln über die Pflege der Wingerte, die Termine der Lese, die Festlichkeiten und Weinprüfungen. Sie testierten einen „guten Wein“. Doch was verstand man im 16. Jahrhundert unter gut? Exportfähig wurde der Gelnhäuser Wein wohl erst, als der Naturwissenschaftler Johann Heinrich Cassebeer im eigenem Weinberg experimentierte, es erreichte, dass die Weinlese in Gelnhausen über das ursprüngli-

che Ende (zweites Wochenende im Oktober) hinaus drei bis vier Wochen später erfolgte, um auch letzte Sonnentage zu nutzen, Spätlese und Eiswein geerntet wurden. Auf der einst bis Gelnhausen schiffbaren Kinzig wurde der Wein bis nach Mainz exportiert und soll auch an den Kaiserlichen Hof in Wien geliefert worden sein.

Die letzte Weinlese in Gelnhausen ist aus dem Jahr 1905 bekannt. Längst bot die Industrie leichtere Verdienstmöglichkeiten, lag die weite Welt durch den Bahnanschluss plötzlich nahe, war Bier zum Volksgetränk geworden, gab die Wurzelreblaus den noch vorhandenen Reben den Rest.

Derzeit ist der Weinbau hier und auch anderswo im Spessartvorland nur noch Liebhabersache, auf Miniwingerte geschrumpft. Die letzten namhaften Weine, die Ende des vergangenen Jahrhunderts wohl letztmals gekeltert wurden: das „Freigerichter Urteil“, der „Waldröder Spatz“, der Altenmittlauer Kalkbergwein.

Auch anderswo im Naturparkbereich gibt es Erinnerungen an den Weinanbau: Inge Frick, Heimatforscherin aus Rodenbach, kann berichten, dass bei der Weihe der örtlichen Kirche 1765 in Anwesenheit des Erbprinzen „guter und geringer Wein“ ausgeschenkt wurde, dass das über Sitte und Anstand wachende Presbyterium sich über die Säure des örtlichen Rebensaftes beklagte, dass im Altarbild der örtlichen Kirche eine goldene Traube zu sehen ist.

Der Schwarzfelser Heimatforscher Karl Ulrich hat viel über den Weinanbau im ehemaligen Kreis Schlüchtern zusammengetragen und erfahren, dass der Wein vom Herolzer Berg „sehr gut und geschmackvoll“ gewesen sei, der Rebensaft von Schwarzenfels von „schlechter Qualität“, sodass „er nur noch an Alte und Kranke verabreicht werden durfte“.

Wenn die Jägersleut' auf den Strich gehen

Erinnerungen an den Schnepfenstrich: Dieter Worch und die an einem Frühlingsabend nahe der Kinzig getroffene Waldschnepfe, die zur Trophäe wurde.

Vor ein paar Jahrzehnten gingen auch hierzulande die Jägersleut' immer dann, wenn die Säfte stiegen, mit glänzenden Augen auf den Strich. Nein – nicht dorthin, wo Bordsteinschwalben aufgegabelt werden können, sondern auf die Pirsch nach dem Vogel mit dem langen Gesicht, eine Spezies, die zur Menagerie des Naturparks Hessischer Spessart gehört, überall dort vorkommt, wo es feuchte Niederungen gibt, junger Wald an alte Forsten anschließt. Heute ist der Strich tabu – damit die Waldschnepfe einer der Mosaiksteine der heimischen Fauna bleibt. Dieser geschichtenumwobene Vogel hat seine Bestandsgarantie verdient und es als Bodenbrüter angesichts vieler zwei- und vierbeiniger Nesträuber schon schwer genug. Also: Die Schnepfenjagd, der so genannte Schnepfenstrich, ist Historie, die Sparte Waldschnepfe in den Streckenlisten der Unteren Jagdbehörde ein Leertitel.

Zwei in Ehren ergraute Jägersleut' haben uns ihre Stricherlebnisse höchst unterschiedlicher Art geschildert. Der Langenselbolder Ernst Staidl bekannte: „Ich habe viele Löcher in die Luft geschossen." Der Hanauer Dietrich Worch, der ebenso auf jahrzehntelange Jagderfahrung zurückblickt, träumt immer noch von einem lauschigen Frühlingsabend in der Bulau: Zweimal kam er zum Schuss, gleich zwei Schnepfen fielen. Eine wurde präpariert und ziert heute mit anderen Trophäen die Wände in der Wohnung des Ruheständlers.

Staidl und Worch stimmen überein: In der jagdlosen Zeit zwischen Ende Januar und Mitte Mai sehnten die Jägersleut' den Sonntag Okuli herbei. Laut alter Spruchweisheit kehrten die Schnepfen aus ihren Winterquartieren in Süd- und Westeuropa und in England zurück und starteten zu dynamischen Balzflügen – allerdings erst zu der Stunde, wenn Rotkehlchen und Singdrossel als letzte aus der Schar der Singvögel ihr Abendlied beendet hatten, sich der erste Stern zeigte. Also: Die in Höhe der Kronen fliegenden Vögel boten

ein unsicheres Ziel und in den meisten Fällen die Gelegenheit für Luftlöcher. Diese rasanten Flieger waren nicht zu überhören, ihr Quorren und Puizen.
Und nicht nur an Okuli waren sie ein Ziel. Ernst Staidl hat noch den weiterführenden, an den Sonntagen rund um Ostern orientierten Spruch der Jägersleut' parat. Und der lautet: „Reminiscere – putzt die Gewehre. Okuli – da kommen sie. Lätare – das ist das Wahre. Judica – sie sind auch noch da. Quasimodo geniti – halt Jäger halt, jetzt brüten sie."
Viel Fleisch brachte dieser Vogel mit einer Flügelspannweite von 40 Zentimetern nicht auf den Tisch. Aber: Er lieferte Handwerkszeug und Jägerzier. So die Malerfeder, die durch einen besonders feinen Kiel geprägte letzte Feder des Flügels.
Einst hatten Künstler damit filigrane Striche gezogen und Farben getupft. Oder den Schnepfenbart, ein Haarbüschel an der Pürzeldrüse, als Schmuck des Hutes der Jägersleut'. Da soll es auch einige geben, die haben sich den Schnepfendreck munden lassen, den zu einer Pastete verarbeiteten und auf geröstetem Brot servierten Enddarm dieses Vogels – mit oder ohne Inhalt. Der Inhalt: endverdaute Würmer und Larven, die die Waldschnepfe mit ihrem langen Schnabel mit dem beweglichen Oberteil nachts mit schlafwandlerischer Sicherheit aus dem Boden pickt. All dies und vieles mehr schildern Staidl und Worch. Allerdings: Vom sagenhaft leckeren Schnepfendreck wissen auch sie nur vom Hörensagen.
1977 ist im Rahmen der Novellierung des Jagdgesetzes der Schnepfenstrich beendet worden. Und seit 1991 hat dieser Vogel keine Jagdzeit mehr und wird – siehe die Streckenliste auf Main-Kinzig-Ebene – offiziell also nicht mehr geschossen. Der Schutz zahlt sich offensichtlich aus, selbst wenn es keine Bestandszahlen aus den sumpfigen Wald- und Waldrandarealen im Bereich des Naturparks zwischen Rodenbach und Sinntal gibt. Einer der Gründe: Dieser nachtaktive Vogel ist nur schwer zu beobachten, durch sein meliertes Federkleid auch am Brutplatz kaum zu entdecken, also insgesamt heimlich.

Die alten Jägersleut' haben gute Schnepfenstriche in Erinnerungen – unweit der Kinzig, aber auch am Stoppelsberg zwischen Weichersbach und Oberzell. Die Grünröcke von heute meinen: Rund um Okuli ist der Schnepfen Quorren und Puizen wieder vermehrt zu hören. Heinrich Denich, Forstbeamter in Rodenbach, und der Mitarbeiter der Hanauer Naturschutzstelle, Martin Schroth, sprechen von sich erholenden Beständen. Neue, eigentlich für die Amphibien geschaffene Feuchtbiotope sind auch der Waldschnepfe dienlich.

Nicht so gut steht es offensichtlich um nahe Verwandte: die höchst seltene, kleinere Waldschnepfe, und die Bekassine, die im Gegenssatz zur Waldschnepfe ein Weitzieher ist, bis nach Afrika ins Winterquartier strebt und dabei die sich immer weiter ausdehnende Sahelzone überqueren muss. Diese Hunger- und Durststrapaze schaffen offensichtlich viele Bekassinen nicht mehr.

Gelegentliche Gäste im Naturpark sind Doppelschnepfen, die hierzulande auf ihrem Zug in die Brutgebiete in Osteuropa hängenbleiben. Und warum Doppelschnepfe? Auch da sind wieder die alten Jägersleut' gefragt. Von ihnen ist zu hören, dass einst das Erlegen einer solchen Schnepfe doppelt so viel Ehre einbrachte wie der erfolgreiche Schuss auf die kleinere Bekassine. Aber vielleicht ist das ja auch nur Jägerlatein ...

Als die Wiesen noch auf dem Rücken lagen

Sie sind aus der Not des späten 18. und des frühen 19. Jahrhunderts geboren worden: Im Spessart mit seinen kargen Böden wollten viel zu viele Menschen von viel zu wenig landwirtschaftlicher Nutzfläche ernährt werden. Jossa, Sinn und ihre Nebenbäche schlängelten sich oft durch nur handtuchbreite sumpfige Au- und Bruchwälder. Bis zum nächsten Hang blieb daneben nur wenig halbwegs nutzbare Fläche für Wiesen und noch seltener den Ackerbau.

Die rettende Idee: das Wasser in richtige Bahnen lenken, Kunst- oder Rückenwiesen anlegen, um den Ertrag zu steigern und vorrangig mehr Futter für das Vieh zu gewinnen.

Wer dieses Konzept in das Gebiet des heutigen Naturparks Hessischer Spessart und in die benachbarten bayrischen Regionen brachte, ist nicht zweifelsfrei belegt. Bekannt ist aber, dass es schon vor Jahrhunderten eine Erschließung von Nutzflächen auf diese Weise im Schwarzwald und im Siegerland gab.

Das Konzept für die Wiesenbewässerung: Der Bach bekam ein Stauwehr. Der Wasserspiegel stieg also. Das angestaute Wasser lief in ein Verteilernetz von kleinen Gräben, die auf dem First der angelegten Wiesenrücken blind endeten. Das eingeleitete Wasser versickerte über die Rücken in die tiefer liegenden Entwässerungsgräben und floss von dort aus wieder in den Bach zurück. Die Wiesenbewässerung erfolgte schon im zeitigen Frühjahr. Da mit dem Wasser, das um diese Zeit auch auf Grund vieler kleiner, leicht temperierter Quellen wärmer als die Erde war, dem Boden gleichzeitig Nährstoffe zugeführt wurden, ist der Graswuchs frühzeitig angeregt worden, sodass teilweise schon Anfang Mai mit dem ersten Grasschnitt begonnen werden konnte. Durch diese Nutzungsform waren mehrmalige Grasschnitte möglich.

Das überlieferte Prinzip „Wasser macht Gras“ fand hier seine Bestätigung. Ohne den Einsatz von Düngemitteln

Die Rücken und die Gräben sind noch zu erkennen: Ernst Schultheis auf einer der früheren Wässerwiesen zwischen Marjoss und Jossa.

Ein geschicktes Bewässerungssystem sorgte dafür, dass fünfmal im Jahr und manchmal sogar noch häufiger mit der Sense Gras geschnitten werden konnte.

ist die Produktivität des Grünlandes erheblich erhöht, aber auch gleichzeitig eine Symbiose von Natur und Kultur vorbildlich realisiert worden. Die Täler bildeten einen reichstrukturierten Lebensraum für viele Tiere und Pflanzen und sicherten deren Fortbestand, erklärt der Rückblick auf die Bedeutung dieser Landnutzung.

Diese kulturhistorisch bedeutsame Bewirtschaftung des Grünlandes hatte nicht nur großen Einfluss auf die Ökologie, sondern auch auf die dörfliche Gemeinschaft. Die Anlagen wurden gemeinschaftlich unterhalten und genutzt, wobei natürlich auch Streitigkeiten vorkamen. Es gab im Spessart keine speziellen Genossenschaften oder Verbände wie anderswo. Einer war dabei auf den anderen angewiesen. Alle Arbeiten wurden von Hand ausgeführt.

Im Zuge der Flurbereinigungen wurden in der Mitte des letzten Jahrhunderts die meisten Rückenwiesen eingeebnet, um eine maschinelle Bewirtschaft zu ermöglichen.

Der Marjosser Ernst Schultheis hat noch funktionierende Wässerwiesen erlebt, hält die Erinnerungen an diese besondere Landnutzung wach und freut sich, dass im angrenzenden bayrischen Sinntal ein Projekt angelaufen ist, um eine derartige Wässerwiese wieder funktionstüchtig und als Dokument früherer bäuerlicher Kultur sichtbar zu machen. Schultheis erinnert sich: Derartige Wiesen ließen ihrer hügeligen Struktur wegen auch keinen Einsatz von Zugtieren zu. Die Wiesen mussten mit der Sense gemäht und das Gras mit Schubkarren herausgefahren werden.

Die so bewirtschafteten Wiesen waren von einem faszinierenden Artenreichtum geprägt. Im zeitigen Frühjahr gediehen auf großen Flächen Märzenbecher. In

den Gräben gab es ein reiches Amphibienleben. Im Winter konnte man sogar Hechte beobachten. Beim Mähen flüchteten Scharen von Fröschen in die Gräben. So die Erinnerungen.
Weil auf Grund von Rationalisierung in der Landwirtschaft heute andere Produktionsmethoden herrschen, sind von den Wässerwiesen im Jossa- und Sinntal nur noch Reste zu sehen. Sie sind heute geprägt von sich deutlich abgrenzenden Pflanzengesellschaften, die trocken gewordene Standorte auf den nicht mehr bewässerten Rücken signalisieren und solche in den weiterhin feuchten, einstigen Abflussgräben zurück zu den Fließgewässern. Und: Viele der Wehre, die einst Sinn, Jossa und ihre Nebenbäche anstauten, sind zerfallen.
Schultheis beklagt, dass auf hessischer Seite Anregungen, zumindest eine dieser Wässerwiesen wieder modellhaft herzustellen, keine Gnade fand. Der offizielle Grund: die hohen Kosten. Vielleicht gibt der in Obersinn im bayrischen Spessart gestartete Versuch, die Wiesenbewässerung zu reaktivieren einen Anstoß, ein solches Modell auch im hessischen Spessart doch noch durchzusetzen? Schultheis: „Kurz hinter der Landesgrenze wird ein für den Spessart typisches Kulturgut dokumentiert, das historisch bedeutsam ist."
Übrigens: Wässerwiesen dieser Art, die auf Grund alter Akten und der dort protokollierten Streitigkeiten bis in das 17. Jahrhundert zurückverfolgt werden können, gab es auch anderswo im Main-Kinzig-Kreis in leicht hängigem Gelände nahe Fließgewässern: am Unterlauf der Kinzig im Bereich des heutigen Hasselroth und am Stein- und Fallbach im Gebiet von Langendiebach.

Für das Kerbkleid tief gebückt

Erinnerungen an die Hochzeit der Heidelbeeren: Karl Nickel zeigt einen Beerkamm. Er wurde durch die Büsche gezogen, streifte die Früchte ab und erleichterte so die Ernte.

Emsiges Bücken lohnte sich einst für die weiblichen Teenager und Twens aus dem Spessartort Bieber. Wer das ausdauernd tat und sich auch Rückenschmerzen verkniff, konnte am zweiten Augustwochenende toll gestylt zum Kirchweihtanz gehen. Der Lohn der Bückerei (und Plagerei) war ein neues, schickes Kirchweihkleid.

So war's einmal und wird's hoffentlich nie wieder sein. Es sei denn, es wiederholten sich schlimme Inflations- und Kriegsjahre, Hungerzeiten wie nach 1945. Damals half nämlich eine im Naturpark Hessischer Spessart weit verbreitete Waldfrucht über manchen Hunger und Durst hinweg, aber auch über Ebbe im Portemonnaie.

Die Heidelbeeren, die heute nur noch von Naturfreaks für den eigenen Bedarf und von Wanderern im Vorbeigehen zum Naschen gepflückt werden, waren einst Wirtschaftsgut, das rationell beschafft werden musste.

An die große Zeit des Heidelbeersammelns erinnerte sich der 2002 gestorbene Karl Nickel noch lebhaft. Der damals 71-Jährige war viele Jahre Vorsitzender des Verkehrs- und Verschönerungsvereins in Bieber und konnte den Sommergästen seiner Pension und allen anderen, die sich interessierten, einstmals wichtige Utensilien für das Heidelbeersammeln zeigen.

Das Pflücken einzelner Beeren wäre zu mühsam gewesen. Also wurde der Beerkamm konstruiert, eine Schaufel mit Zinken, die durch den Busch gezogen wurde. Sie streifte die Beeren und Blätter ab. Die Blätter sind weggeblasen worden. Und wer das alles richtig machte, der hatte sein „Einleerche" schon gut gefüllt. Das waren Literblechdosen, die mit Draht oder Kordel am Gürtel des Sammlers oder der Sammlerin befestigt waren. War die Dose voll, dann war ein Pfund zusam-

men – ein wichtiges Wissen wegen der späteren Entlohnung.
Die Ernte in den Wäldern rund um den Ort ist in Eimern oder Körben gesammelt und abends im Schottschen Keller, der Sammelstelle, abgegeben worden.
Nickel erinnerte sich, dass es für die Sammler zwischen 20 und 45 Pfennig Lohn pro Pfund gab. Wer sich also in der Erntezeit zwischen Mitte Juni und Ende Juli eifrig bückte, brachte manche Mark zusammen und damit auch genügend Geld für das neue Kerbkleid.
Nickel berichtete aus seiner Erinnerung, „dass in der Sammelstelle an guten Tagen schon einige Zentner zusammengekommen sind“. Die waren allerdings nicht in unmittelbarer Ortsnähe zu ernten. Die Sammler mussten schon weit hinaus in den Spessartforst. Karl Nickel: „Das bedeutete, so rechtzeitig aufzustehen, damit um vier Uhr morgens in der ersten Morgendämmerung der einstündige Marsch bis in das Gebiet Villbach beginnen konnte.“
Unterwegs tauchten die Sammlerinnen und Sammler, auch „Beermacher“ genannt, in urige Natur ein und hatten manche überraschende oder erschreckende Begegnung, so auch mit dem Auerhahn. Karl Nickel: „Im Frühjahr 1955 habe ich ihn zum letzten Male gesehen und bin mächtig erschrocken, als er mich angeflogen hat.“
Übrigens: Wer raus in die Beeren ging, der verriet die ertragreichsten Gründe höchstens im Familienkreis. Eine gute und schnelle Ernte verhalf ja nicht nur zum neuen Kerbkleid oder zu einem Zusatzeinkommen, Heidelbeeren bereicherten auch die heimische Tafel: Die Beeren, die beim Sammeln die Finger, beim Naschen die Zähne und die Lippen blau färben, wurden als Nachtisch eingeweckt, ergaben einen guten Kuchenbelag und eigneten sich dazu, zu Wein, Likör und auch Schnaps verarbeitet zu werden.

Nachwort

Zum Schluss ein Dankeschön – an alle, die mitgeholfen haben, dass dieses Buch zu Stande kam. Die über fünfzig Geschichten über den Spessart, seine Tiere, seine Pflanzen, seine Typen, über das Geschehen heute und gestern forderten ein halbes Hundert Gesprächspartner, Frauen und Männer, die bereit waren, ihr Wissen weiterzugeben. Doch damit nicht genug. Manches komplexe Thema verlangte noch mehr Fachkunde, noch zusätzliche Experten, die bereit waren, ihre Fachsprache zu vergessen und die Zusammenhänge so zu schildern, dass sie der Freund des Naturparks Hessischer Spessart auch versteht. All diese Experten leisteten Feinarbeit an den Texten. Sie haben sachliche Fehler vermeiden helfen und waren auch bereit, das Aufarbeiten ihres Fachgebietes in volkstümlicher Sprache zu akzeptieren. Dafür ein besonderer Dank.

Der gilt auch all jenen, die geduldig für viele der in diesem Buch abgedruckten Fotos Modell standen und damit ihr Spezialgebiet ins richtige Licht rückten. Weitere Fotos stammen aus dem Archiv des Naturpark-Geschäftsführers Matthias Schlote. Auch hierfür ein herzliches Dankeschön. Diese Fotos runden das mit diesem Buch gezeichnete Bild vom Land der bunten Wälder ab.

Wesentlichen Anteil an diesem Naturparkportrait hat der Geschäftsführer dieses Zweckverbandes, Forstamtsrat Matthias Schlote. Er hat bei der Auswahl der Themen mitgewirkt, viele Gesprächspartner genannt, als Koordinator mitgeholfen, dass dieses Buch rechtzeitig zum Naturparkjubiläum am 28. Juni 2003 erscheinen konnte. Ein letztes Dankeschön dem Studenten für Kommunikations-Design, Andreas Schlote. Sozusagen als Gesellenstück hat er den Umschlag dieses Buches gestaltet.

Heinz Kleine-Rüschkamp

Brigitte Wenninger

Der Eselsweg
Ein Wanderweg zum Geniessen

23 Tagestouren,8 Wochenendausflüge und eine Wanderwoche. 111 km Wandervergnügen durch den Spessart, von Schlüchtern bis Miltenberg mit vielen Tipps, Informationen, Einkehrhinweisen und einem Fahrplan.

168 S., Broschur, 12,80 Euro
ISBN 3-928100-89-0

Frank Nowotne

Die Tagfalter des Nordspessarts

Die wichtigsten heimischen Schmetterlingsarten in 17 prächtigen Farbaufnahmen. Eine wissenschaftlich fundierte Arbeit über Verbreitung und Lebensbedingungen der Tagfalter.

126 S., Broschur, 9,90 Euro
ISBN 3-928100-26-2

Wandern im Spessart

Joachim Schulmerich

Mit Bus und Bahn: Wandern an Main und Kinzig

Von Frankfurt oder Hanau aus in den Vogelsberg, Spessart und ins Kinzigtal. Wanderungen auf dem Drei-Burgen-Weg, zur Ronneburg, auf der Birkenhainer Straße, ... und am Ende steht immer ein Gartenlokal.

128 S., Broschur, 9,90 Euro
ISBN 3-928100-68-8

Joachim Schulmerich

Hanauer Wanderungen Mit dem Stadtbus unterwegs

Ohne Auto die Stadt Hanau und seine ländliche Umgebung entdecken:Zu den Steinbrüchen im Steinheimer Wald, zur Hartig nach Hochstadt, am Limes entlang durch die Bulau, ...

128 S., Broschur, 9,90 Euro
ISBN 3-928100-61-0

Radfahren im Spessart

Joachim Schulmerich

Mit Schlauch und Pedal, Band 2 Kinzigtal und Spessart

Abwechslung ist Trumpf. Mal flache Touren an Main, Kinzig, Bieber, Kahl und Sinn, mal anspruchsvolle „Hammertouren" quer durch den Spessart mit Start in Aschaffenburg und in den Vogelsberg.

256 S., Spiralbindung, 14,90 Euro
ISBN 3-928100-37-8

Gunda von Savigny

Hof Trages

Hof Trages, der zwischen Hanau, Gelnhausen und Aschaffenburg liegt, war Anfang des 19. Jahrhunderts Treffpunkt führender Vertreter der deutschen Romantik. Clemens Brentano, Karoline von Günderrode, Jakob und Wilhelm Grimm. gehörten zu den Gästen von Carl und Gunda von Savigny.

108 S., Hardcover, 14,90 Euro. ISBN 3-928100-69-6

Jörg Stier

Vom Baum in den Bembel

Die handwerkliche Herstellung der hessischen Apfelweine.

Ein Buch, das sich sowohl an Selbstkelterer als auch an interessierte Apfelweinfreunde wendet, die mehr wissen möchten über das hessische Nationalgetränk.

132 S., Hardcover, mit Illustrationen von Jörg Eyfferth, handliches Kleinformat, 9,90 Euro
ISBN 3-928100-79-3

Entdecke, wo Du lebst

mit Büchern aus dem CoCon-Verlag Hanau.

In den Türkischen Gärten 13
63450 Hanau
Telefon: 06181/17700
Fax: 06181/181333
e-mail:
cocon-verlag@t-online.de
www.cocon-verlag.de

Verlagsanzeige

Arthur-Rolf Döhring

550 Jahre Leben in Hanau, Hessen und auch im Hanau- Lichtenberger-Land

Weite Teile des heutigen Naturparks Hessischer Spessart waren über Jahrhunderte im Besitz des Hanauer Grafenhauses. Die Geschichte der Grafschaft Hanau in den letzten 550 Jahren wird aus der Familienperspektive dargestellt.

In 60 Kapiteln kommen die Vorfahren zu Wort: Herrschaftliche Fischer und Marktschiffer, Refugiés, Müller und Tabackspinner, die Schulmädcher und -buwe, die Radfahrer, die Bad-, Park- und Ballbesucher, kurz unsere Vorfahren und Verwandten bis auf den heutigen Tag.

138 Seiten im Großforma
Mit über 600 Abbildungen, meist farbig, 50 Euro
ISBN 3-928100-65-3

HANAU:
Geschichte Kultur Gegenwart

Die Brüder-Grimm-Stadt entdecken.
Eine spannende Reise durch Hanaus Geschichte und Kultur.
Dieser Stadtführer zeichnet ein ausführliches und facettenreiches Bild, mit dem der Leser gut vorbereitet ist auf das 700-jährige Hanauer Altstadt-Jubiläum.

182 Seiten, 12,80 Euro
ISBN 3-928100-92-0

Hanau
Tor zum Spessart

Gerhard Bott

Die Stillebenmaler Soreau, Binoit, Codino und Marrell in Hanau und Frankfurt 1600-1650

Großformatiger Bildband über die Bedeutung der Hanauer Malerwerkstatt von Daniel Soreau auf die Sillebenmalerei Deutschlands im 17. Jh. Mit über 300 Abbildungen.
Auf einzelnen Stillleben entdeckt der aufmerksame Betrachter Trinkpokale, die in Spessart-Glashütten hergestellt wurden.

240 S., Hardcover, 50 Euro
ISBN 3-928100-84-X

Ruth Dröse, Frank Eisermann, Monica Kingreen, Anton Merk

Moritz Daniel Oppenheim

Unser schönstes Buch! Eine komplette Darstellung des Zyklus „Bilder aus dem altjüdischen Familienleben". Eine Wiederentdeckung des „ersten jüdischen Malers", der im Jahre 1800 in Hanau geboren wurde. In Schloss Emmerichshofen bei Kahl besuchte er zum ersten Mal in seinem Leben eine Gemäldegalerie.

108 S., Großformat, Leinen im Schuber, 45,00 Euro
ISBN 3-928100-36-X

400 Jahre Neustadt Hanau

Vor mehr als 400 Jahren fanden niederländische und wallonischen Glaubensflüchtlinge Asyl in Hanau und gründeten die Neustadt. Das Buch dokumentiert großformatig den einmaligen wirtschaftlichen Aufschwung, den die Stadt durch die calvinistischen Kaufleute und Fabrikgründer erfuhr, die sich in der Textilindustrie, als Gold- und Silberschmiede, in Druckereien und Fayencenmanufaktur betätigten.

400 S., Hardcover, 32 Euro, ISBN 3-928100-51-3

Klaus Hofmann

Schloss Philippsruhe

Die aufwändige Ausstattung dieses Buchs spiegelt den Glanz des Hanauer Barockschlosses am Main wieder. Mit großformatigen Farbaufnahmen und historischen Fotografien aus dem Ende des 19. Jahrhunderts.

132 S., Hardcover, 16,80 Euro
ISBN 3-928100-86-6

Entdecke, wo Du lebst

mit Büchern aus dem CoCon-Verlag Hanau.
In den Türkischen Gärten 13
63450 Hanau
Telefon: 06181/17700
Fax: 06181/181333
e-mail:
cocon-verlag@t-online.de
www.cocon-verlag.de

Anton Merk (Hrsg.)

Natur wird Kultur Gartenkunst in Hanau

Historische Parkanlagen in Hanau: Wilhelmsbad, die Fasanerien bei Wilhelmsbad und Klein-Auheim, der Schlossgarten in der Altstadt, der Park von Philippsruhe und die „Türkischen Gärten".

136 S., Großformat, Hardcover, 18 Euro
ISBN 3-928100-88-2

Verlagsanzeige

Archiv Frauenleben (Hrsg.)

Eine Region im Blickfeld

Hexenwahn und Teufelswerk

Sechs Autorinnen untersuchen die Hexenverfolgungen zwischen Spessart und Wetterau, Frankfurt und Fulda . Wie auf diesem verhältnismäßig kleinen Raum im Umkreis von gerade einmal 100 Kilometern gewütet wurde, wird erstmals dargestellt.

156 S., Hardcover, 16,00 Euro, ISBN 3-928100-91-2

Langenselbold

Michael Zieg

Dietmar

Am 16. Oktober 1108 war es soweit. Graf Dietmar von Selbold übergab dem römischen Stuhl die Kirche Sankt Johann Baptista und erhielt dafür die päpstliche Genehmigung zum Bau eines Augustinerstiftes.
Eine Annäherung an die Grafen von Selbold-Gelnhausen.

64 S., Hardcover, 9,90 Euro
ISBN 3-928100-40-8

Schlüchtern

Adam Druschel

Steinreich - Brotarm

Alltag in einem hessichen Mittelgebirgsdorf vor über 70 Jahren. Das Leben in der Landwirtschaft verlief nach festen Regeln und im Jahreszeitenkreislauf. Oft musste man um drei Uhr aufstehen, um bis neun Uhr „einen Morgen zu mähen".

172 S., Hardcover, 12,80 Euro
ISBN 3-928100-20-3, 2. Auflage

Entdecke, wo Du lebst

mit Büchern aus dem CoCon-Verlag Hanau.
In den Türkischen Gärten 13
63450 Hanau
Telefon: 06181/17700
Fax: 06181/181333
e-mail:
cocon-verlag@t-online.de
www.cocon-verlag.de

Gustav Hildebrand

Mein Vater, der Vogelhändler

Ein Leben zwischen Kaiserreich und Bundesrepublik

Das bewegte Leben des Vogelhändlers aus Schlüchtern, dessen Spezialität die Zucht von „zwei Lieder pfeifenden Dompfaffen" war. Beschrieben von seinem Sohn, dem Bildjournalisten Gustav Hildebrand.

112 S., Hardcover, 12,80 Euro
ISBN 3-928100-73-4

Steinau

Christine Wittrock

Saubere Geschäfte, weiße Westen und Persilscheine

In der Geschichte der Schlüchterner und Steinauer Seifenfabriken spiegelt sich deutsche Gescichte wider: Die jüdischen Eigentäumer wurden im Faschismus ihrer Fabriken und ihrer Heimat beraubt.

176 S., Hardcover, 14,80 Euro, ISBN 3-928100-90-4